PUBLICATION DE PAGES
Conneaut Lake, PA

Publié à l'origine par Page Publishing 2023

AEGA Design Publishing Ltd United Kingdom
info@aegadesign.co.uk
www.aegadesignco.uk
ISBN 978-1-7384380-7-5 (pbk) ISBN 978-1-7384380-8-2 (numérique)
Imprimé aux États-Unis d'Amérique

À Kyle et Stephanie,
es camarades de camp

Contenu

Préface vii

Le Château d'Une-Pierre 1

Pas de Cupcakes 5

Squiggly, Wiggly, et 8

Jonathan Thomas Henry 8

Le thé de grand-père 12

Les Monstres sous le Lit 15

La Grande Aventure de Camping 19

Squiggly, Wiggly, ... 22

Jonathan Thomas Henry, et Orville 22

L'anniversaire de Wiggly 25

Slime de Noël 28

Joe Crow 31

Le Plus Grand Magicien du Monde 35

Linda et les Animaux Dangereux 40

Princesse Stéphanie et la Soupe aux 42

Pois Cassés 42

Gladys l'élan 47

Cheri et le Cheeseburger 50

La Babysitter 53

Stephanie reçoit Père Noël 58

Préface

En mars 2020, en raison du COVID-19, j'ai décidé que tout le monde avait besoin d'une pause et d'une distraction face à la pandémie écrasante. La question était de savoir ce que je pouvais faire pour aider. Je ne pouvais pas chanter assez bien pour faire un enregistrement vidéo dont tout le monde pourrait profiter. Je suis plutôt un chanteur de douche. Je voulais aussi que cet événement soit récurrent. Le fait d'avoir unune seule vidéo n'aurait pas atteint mon objectif.

On m'a dit que je savais bien raconter une histoire. Ma fille m'a suggéré de lire des histoires pour enfants et de les mettre en ligne. C'était exactement la solution et le moyen que je cherchais.

Du 21 mars au 5 octobre, j'ai lu et raconté chaque jour une histoire pour enfants. Je ne peux pas dire que j'ai eu un grand nombre de téléspectateurs. J'ai eu des spectateurs réguliers qui ont vraiment apprécié mes histoires.

Parmi les 199 histoires présentées, j'ai inclus de nombreux auteurs pour enfants bien connus et quelques autres moins connus. J'en ai également inclus dix-sept que j'ai créées. Jusqu'à aujourd'hui, je ne pouvais pas dire "écrit par moi". J'ai simplement enfilé mon pull de lecture mal fagoté, siroté ma boisson du jour et raconté l'histoire. Ce livre est un recueil des histoires que j'ai créées.

L'humilité n'est pas l'une de mes plus grandes vertus, mais je dois dire que j'ai pris beaucoup de plaisir à raconter l'histoire, puis à l'écouter. Ce n'est que plus tard, après avoir écouté l'histoire, que je l'ai écrite pour ce livre. Les histoires sont maintenant disponibles pour votre plaisir de lecture.

Alors enfilez votre propre pull de lecture et profitez-en ! Si vous voulez m'entendre lire ou raconter l'histoire, vous pouvez trouver toutes les histoires sur YouTube. Cherchez "Kev Rem Story Time".

P. Kevin Remington
24 décembre 2020

Le Château d'Une-Pierre

P. Kevin Remington
Juillet 2000

Si vous suivez cette route, si vous passez la fourche et si vous franchissez la colline, vous arriverez à un petit royaume. Les habitants de ce petit royaume sont heureux. Ils ont tous assez à manger.
Ils ont tous des maisons avec des lits. Les enfants sont heureux et jouent dans les rues. Les rues sont sûres.

Si vous demandiez à n'importe quel habitant de ce royaume pourquoi il est si sûr et si heureux, il vous répondrait tous : "C'est grâce à notre bon roi."

Si vous suivez la route à travers le village et que vous montez la colline, vous trouverez au bout de la route un homme assis sur une grande pierre. Cet homme est le roi.

Le roi est assis sur une grosse pierre taillée dans les Sunshine Mountains, à l'extrémité du royaume. C'est un grand homme qui possède un royaume et des gens qui l'aiment. Il est comme tous les autres rois. Il perçoit des impôts. Il s'occupe des routes et des chemins pour qu'ils soient sûrs. Il veille à ce que chacun de ses sujets mange à sa faim. La seule différence entre ce roi et les autres est qu'il n'a pas de château.

Si vous demandiez à ce roi pourquoi il n'a pas de château, il vous répondrait : "J'ai un magnifique château. Voyez-vous cette grande pierre sur laquelle je suis assis ? Ce n'est qu'un début." Ensuite, le roi vous fera visiter son magnifique château. " Ici se trouve mon entrée si j'en avais une. Ici se trouve ma salle du trône

1

où je tiens audience si j'en avais une. Ici se trouve ma grande cuisine où sont préparés de merveilleux festins si j'en avais une. Et ici se trouve ma chambre où dort le roi si j'en avais une. "

Le roi était très fier de parler de son magnifique château. Au fil des ans, d'autres rois entendirent parler de ce merveilleux royaume. Ils entendirent dire que les rues étaient sûres. Ils entendirent parler des gens heureux. Et ils entendirent parler de l'amour que les gens portaient à leur roi. Tous ces autres rois entendirent… et devinrent jaloux

Les gens des royaumes de ces autres rois ne comprenaient pas. Dans leurs royaumes, le roi vivait dans de grands châteaux glorieux en pierre et en verre. Chaque château était l'envie des autres royaumes mais même avec de tels châteaux merveilleux, leurs gens n'aimaient pas leurs rois. Leurs enfants ne jouaient pas joyeusement dans les rues. Leurs rues n'étaient pas sûres. Les autres royaumes étaient très jaloux du royaume heureux

Un jour, tous les autres royaumes décidèrent d'envoyer une délégation au royaume heureux pour voir pourquoi ils étaient si heureux. La délégation était composée de rois, de princes, de seigneurs et de dames de tous les autres royaumes.

Quand la délégation arriva au royaume heureux, ils parlèrent d'abord aux enfants qui les invitèrent joyeusement à jouer à la marelle avec eux. La délégation dit " Non, les seigneurs et les dames, les rois et les princes ne jouent jamais à la marelle !

Ensuite, la délégation parla avec le maire du village qui les invita joyeusement à un déjeuner de soupe, de fromage et de sandwiches au beurre de cacahuète. La délégation dit " Non, les seigneurs et les dames, les rois et les princes ne mangent jamais de nourriture si commune !

MON FRUMPY PULL DE LECTURE

La délégation demanda alors comment trouver le roi de ce royaume heureux. On leur dit de suivre la route, de monter la colline et qu'ils trouveraient le roi.

Quand la délégation suivit la route et monta la colline, ils ne trouvèrent pas le roi mais juste un homme avec un sourire facile assis sur une grande pierre. Quand ils demandèrent à voir le roi, il leur dit qu'il était le roi.

La délégation ne crut pas qu'il était le roi car ils ne pouvaient pas voir le château du roi. Le roi dit " Ici se trouve mon entrée si j'en avais une. Ici se trouve ma salle du trône où je tiens audience si j'en avais une. Ici se trouve ma grande cuisine où sont préparés de merveilleux festins si j'en avais une. Et ici se trouve ma chambre où dort le roi si j'en avais une.

Le roi était très fier de raconter à la délégation son magnifique château

Les autres rois, princes, seigneurs et dames étaient choqués ! Ils étaient scandalisés et dégoûtés car ils avaient tous de grands châteaux en pierre et en verre.

Quand le roi suggéra qu'ils pourraient aimer jouer à la marelle avec les enfants ou savourer des sandwiches au beurre de cacahuète avec le maire, la délégation fut complètement sidérée. Avec cela, le roi alla jouer avec les enfants et manger le déjeuner avec le maire et la délégation quitta le royaume pour ne jamais revenir.

L'année suivante, pour l'anniversaire du roi, tous les habitants préparèrent une surprise spéciale pour lui.
Le maire invita le roi à faire le tour du village avec lui. Toute la journée, ils regardèrent les arbres et passèrent un bon moment. Ils regardèrent les enfants jouer et passèrent un bon moment. Ils examinèrent les fermes et les champs de céréales et passèrent juste une belle journée.

P. KEVIN REMINGTON

Pendant que le roi était parti, les gens construisirent un château magnifique en pierre et en verre. Quand le roi revint s'asseoir sur sa grande pierre, il trouva, là où se trouvait sa grande pierre, un château magnifique. Et quand le roi regarda de plus près, il trouva que juste à côté du pont-levis se trouvait la grande pierre. C'était le début du château du roi.

Les habitants firent alors faire au roi le tour de son magnifique château. " Ici se trouve votre entrée. Ici se trouve votre salle du trône où vous pouvez tenir audience. Ici se trouve votre grande cuisine où de merveilleux festins sont préparés. Et ici se trouve votre chambre où vous dormirez. "

Les gens étaient très fiers de montrer au roi son magnifique château.

Le roi était tellement submergé par l'amour de son peuple qu'il les remercia tous un par un et pleura des larmes de joie.

Après avoir vécu un moment dans le château magnifique, le roi commença à s'agiter. Il arpentait les grands halls de son château, visitait ses grandes pièces et regardait la vue magnifique. Pourtant, le roi devenait de plus en plus malheureux.

Une nuit, alors que le roi embrassait son fils pour lui dire bonne nuit, il dit " Fils, tout cela est à toi. " Puis le roi borda son fils comme il le faisait chaque nuit.

La fin

Pas de Cupcakes

Stephanie Remington
Avril 2020

Sarah erentra de l'école mardi et dit à sa maman : " Maman, demain c'est mon anniversaire et je veux apporter une friandise spéciale pour ma classe. " "D'accord, Sarah, qu'aimerais-tu apporter ? Veux-tu faire des cupcakes ? " lui demanda sa mère.

"Mais maman, tout le monde fait des cupcakes. Je veux quelque de spécial. Quelque chose de super que tout le monde va apportée pour adorer. Je veux que ce soit la meilleure son anniversaire " dit Sarah-chose que quelqu'un ait à sa jamais mère.

La mère de Sarah lui sourit gentiment et dit : " Mais chérie, tout le monde aime les cupcakes. " Sarah mit ses mains sur ses hanches et dit : " Pas de cupcakes !" "Alors, que veux-tu faire ? " demanda sa mère. Sarah réfléchit. Et elle réfléchit. Et elle réfléchit encore. Mais elle ne pouvait penser à rien à faire. " Je parie que papa saura quoi faire " pensa Sarah en courant hors de la pièce vers le bureau de son père.

P. KEVIN REMINGTON

Sarah ne savait pas, alors elle décida de demander à son grand frère Cory. Il saurait sûrement quoi faire. Après tout, il a eu beaucoup d'anniversaires.

Elle marcha droit vers son frère qui regardait la télévision et dit : " Cory, demain c'est mon anniversaire et je veux apporter une friandise spéciale pour ma classe. Je veux faire quelque chose de spécial. Quelque chose de super que tout le monde va adorer. Je veux que ce soit la meilleure chose que quelqu'un ait jamais apportée pour son anniversaire mais je ne sais pas quoi faire."

" Pourquoi ne fais-tu pas des cupcakes ? Tout le monde aime les cupcakes " dit Cory en la repoussant pour voir la télévision.

" Pas de cupcakes !" dit Sarah.

" Alors, que vas-tu faire ? " demanda Cory.

Sarah n'avait aucune idée de ce qu'elle allait faire, alors elle alla chez le voisin et frappa à la porte. Quand Mme Pither répondit, Sarah dit : " Mme Pither, demain c'est mon anniversaire et je veux apporter une friandise spéciale pour ma classe. Je veux faire quelque chose de spécial. Quelque chose de super que tout le monde va adorer. Je veux que ce soit la meilleure chose que quelqu'un ait jamais apportée pour son anniversaire mais je ne sais pas quoi faire. "

" Que diriez-vous de cupcakes ? " dit Mme Pither " Tout le monde aime les cupcakes. "

" Pas de cupcakes !" dit Sarah.

Sarah retourna chez elle et entra dans sa chambre et réfléchit. Elle réfléchit et réfléchit et réfléchit encore. Elle réfléchit jusqu'à ce qu'elle sente que son cerveau allait fondre. Puis elle réfléchit encore.

MON FRUMPY PULL DE LECTURE

Je sais, pensa Sarah, je peux faire des barres de beurre de cacahuète.

"Mais attendez, Toby est allergique aux cacahuètes." Alors Sarah réfléchit encore.

"Je pourrais apporter de la glace, mais elle fondrait avant d'arriver à l'école."

C'était presque l'heure du souper et Sarah ne savait toujours pas quoi faire. Après le souper, elle réfléchit encore. Enfin, Sarah décida quoi faire.

Le lendemain à l'école, la maîtresse dit : "Sarah, c'est ton anniversaire. As-tu apporté quelque chose pour la classe ? " Sarah sourit et dit : "J'ai apporté des cupcakes ! Tout le monde aime les cupcakes !"

Et c'était vrai. Tout le monde apprécia les cupcakes que Sarah avait apportés.

La fin

Squiggly, Wiggly, et Jonathan Thomas Henry

P. Kevin Remington
Mars 2020

Je voudrais vous raconter une histoire sur trois amis à moi. Ils vivaient derrière mon hangar dans le jardin. Leurs noms sont Squiggly, Wiggly et Jonathan Thomas Henry, et ce sont des vers

Maintenant, Squiggly et Wiggly sont des vers ordinaires, mais leur ami Jonathan Thomas Henry est un peu différent. Il portait un fedora à l'école et un petit sac à dos de ver. Jonathan Thomas Henry ne faisait pas les choses habituelles de vers. Bien que Jonathan Thomas Henry soit un peu différent, Squiggly, Wiggly et Jonathan Thomas Henry sont les meilleurs amis.

Laissez-moi vous raconter l'histoire de comment les trois vers sont devenus de grands amis.
Jonathan Thomas Henry était le nouveau ver à l'école. Il allait à l'école comme tous les autres vers. Il montait son vélo de ver dans la rue. Il jouait dans l'eau du tuyau d'arrosage. Il allait aux Scouts des Vers. Pourtant, Jonathan Thomas Henry était un peu différent. Il portait un chapeau, un fedora. La plupart des vers ne portent pas de chapeau.

Les trois vers n'ont pas toujours été les meilleurs amis. Un jour, Squiggly jouait près du tuyau où l'eau s'écoule dans la cour. Il s'amusait beaucoup à éclabousser dans l'eau comme les vers ont tendance à le faire. Après un certain temps, son ami Wiggly est venu jouer avec lui. Il y avait un rouge-gorge qui les regardait. Le rouge-gorge volait autour, attendant juste le bon moment pour attraper ces deux vers juteux. Squiggly et Wiggly ne voyaient pas le rouge-gorge et continuaient à jouer dans l'eau en s'amusant.

Quand Squiggly et Wiggly ont remarqué l'ombre au-dessus d'eux, il était trop tard. Le rouge-gorge a plongé et a attrapé Squiggly, l'amenant haut dans les airs. Le rouge-gorge a volé Squiggly haut dans un arbre, à presque cinq pieds de hauteur, et l'a déposé sur une branche pour le manger plus tard.

Squiggly était dans l'arbre et il avait peur. Il n'avait jamais été dans un arbre auparavant. Il n'avait jamais été aussi haut de toute sa vie. Il était terrifié. Il était en larmes. Il savait qu'il allait être mangé par le rouge-gorge.

Wiggly était très effrayé. Il ne savait pas quoi faire. Il a couru vers l'arbre. Il a couru vers le tuyau. Il est retourné à l'arbre. Il est retourné au tuyau. Il ne savait pas quoi faire. Au loin, Wiggly a vu Jonathan Thomas Henry et a couru lui dire ce qui s'était passé et voir si Jonathan Thomas Henry savait quoi faire.

Wiggly a dit : " Jonathan, Jonathan, Jonathan ! " Jonathan Thomas Henry a répondu : " Quoi ? Quoi ? Quoi ? "

Wiggly lui a alors raconté qu'un rouge-gorge avait pris Squiggly et l'avait mis haut dans un arbre et allait le manger. Wiggly a dit : " Je ne sais pas quoi faire. Et toi ? "

Jonathan Thomas Henry était un Scout des Vers. Les Scouts des Vers sont toujours préparés. Il a couru vers l'arbre et a regardé en haut. Squiggly était très haut. Squiggly était presque à cinq pieds du sol et c'est vraiment haut pour un ver, mais Jonathan Thomas Henry savait exactement quoi faire.

P. KEVIN REMINGTON

Jonathan Thomas Henry a commencé à se faufiler entre les crêtes de l'écorce rugueuse de l'arbre. Il a grimpé sur les branches. Après un long moment, Jonathan Thomas Henry a finalement atteint la branche sur laquelle Squiggly était assis.

Jonathan Thomas Henry était si heureux. Il pensait pouvoir maintenant sauver Squiggly et qu'ils pourraient tous les deux redescendre de la même manière qu'il était monté.

Jonathan Thomas Henry a dit : " Squiggly, viens par ici pour que nous puissions descendre. " Squiggly avait trop peur pour bouger. Squiggly tenait la branche pour la vie et il n'était pas question de bouger et de tomber en descendant de l'arbre.

Jonathan Thomas Henry avait un problème. Il devait convaincre Squiggly de descendre. Il savait qu'il pouvait descendre, mais il ne pouvait pas faire descendre Squiggly. Comment allait-il maintenant sauver Squiggly ?

Jonathan Thomas Henry a réfléchi et réfléchi. Il savait que le rouge-gorge pouvait revenir à tout moment et voler pour les attraper tous les deux. Puis Jonathan Thomas Henry a eu une idée. Si le rouge-gorge peut voler, alors eux aussi peuvent voler.

Jonathan Thomas Henry a dit : " Squiggly, si tu ne veux pas descendre, nous devrons voler. "

"Quoi !" a crié Squiggly.

Jonathan Thomas Henry a emmené Squiggly à l'extrémité de la branche où il y avait une belle grande feuille verte. Jonathan Thomas Henry est monté sur la feuille et a dit à Squiggly de monter avec lui.

Squiggly a crié : " Je ne vois pas comment nous allons voler. Le rouge-gorge va venir et nous manger tous les deux !"

MON FRUMPY PULL DE LECTURE

Jonathan Thomas Henry a dit : " Non, non, non " et il a sorti son sac à dos. Puis il a sorti son couteau de Scout des Vers et a commencé à couper la feuille de la branche. Après quelques minutes de coupe, Jonathan Thomas Henry a remis le couteau de Scout des Vers dans son sac à dos et a cassé le dernier morceau, et la feuille a commencé à se détacher.

La feuille flottait dans l'air un peu par-ci. Un peu par-là. Squiggly et Jonathan Thomas Henry flottaient doucement vers le sol sur le dos de la feuille.

Jonathan Thomas Henry passait un moment merveilleux et riait aux éclats. Squiggly tenait bon pour sa vie et était terrifié.

Soudain, alors que la feuille était à environ six pouces du sol, une rafale de vent a attrapé la feuille et l'a retournée. Jonathan Thomas Henry et Squiggly sont tous deux tombés au sol avec un bruit sourd !

Squiggly était tellement surpris d'être encore en vie. Jonathan Thomas Henry a éclaté de rire et de rire et de rire. Puis Squiggly a commencé à rire. Quand Wiggly est arrivé en courant pour voir s'ils allaient bien, ils riaient tous. Il a fallu longtemps avant que Jonathan Thomas Henry et Squiggly puissent raconter à Wiggly ce qui s'était passé.

Depuis ce jour, Squiggly, Wiggly et Jonathan Thomas Henry sont les meilleurs amis.

La fin

Le thé de grand-père

P. Kevin Remington
Juin 2020

Je voudrais vous raconter une histoire sur mes trois amis. Ce sont trois vers de terre qui vivent derrière mon cabanon dans le. jardin. Squiggly, Wiggly et Jonathan Thomas Henry sont de bons amis.

Maintenant, Squiggly et Wiggly étaient des vers de terre tout à fait ordinaires, mais leur ami Jonathan Thomas Henry était un peu différent pour un ver de terre. Jonathan Thomas Henry portait toujours un petit sac à dos de ver et il portait toujours un fedora. Un chapeau très étrange pour un ver de terre, mais il portait toujours un fedora. Squiggly et Wiggly aimaient toujours Jonathan Thomas Henry parce qu'ils étaient les meilleurs amis.

Un jour, les trois amis étaient dans la cour de l'école pendant la récréation, et Squiggly, Wiggly et Jonathan Thomas Henry parlaient de leurs grands-parents.

Wiggly disait : " J'ai dû aller voir mon grand-père ce weekend. Je déteste voir grand-père. Il pince toujours ma joue. Il me donne toujours un câlin. Il sent toujours le thé à la camomille ! Beurk ! Je déteste aller voir grand-père !"

Jonathan Thomas Henry dit : " Vraiment ? J'adore toujours voir mon grand-père."

MON FRUMPY PULL DE LECTURE

Wiggly demanda : "Pourquoi ? Il n'est pas horrible ? "

"Oh non," dit Jonathan Thomas Henry. "Mon grand-père est un homme merveilleux. Il était charpentier. Il construisait des maisons et des magasins. Tu sais, ce grand toboggan près du tas de compost, il a travaillé dessus et l'a aidé à le construire. Quand je le visitais, il me montrait tous ses outils et me racontait comment ils étaient utilisés.

"Dans son atelier, il me racontait des histoires et des secrets. Il me racontait des histoires sur mon père quand il était un petit ver de terre et tous les secrets qu'il avait découverts sur lui. Et c'étaient vraiment de bons secrets ! Ensuite, grand-père demandait à grand-mère de faire des cookies rien que pour moi. Bien que je pense que grand-père mangeait la plupart des cookies. Et chaque jour à trois heures précises, il arrêtait ce qu'il faisait. Il allait se nettoyer et lui et grand-mère prenaient le thé. Ils prenaient du thé Earl Grey tous les jours à trois heures. Parfois, grand-père me prenait et me faisait prendre le thé avec lui et grand-mère."

Puis Jonathan Thomas Henry expliqua : " Mon grand-père est mort il y a un an ou deux. Il me manque. Ses histoires me manquent. Il me manque de me montrer des choses. Les secrets me manquent. "

Quand il eut fini de parler, Jonathan Thomas Henry avait peint un magnifique tableau de son grand-père.

Wiggly n'était pas vraiment convaincu de la chance qu'il y avait à visiter son grand-père.

Alors Squiggly raconta aussi une histoire sur son grand-père. Squiggly commença à raconter son histoire : " Ma grandmère faisait les meilleurs cookies. Et chaque jour à quatre heures, grand-mère mettait de côté deux cookies pour grand-père. Quand je les visitais, grand-mère mettait de côté deux cookies pour moi et deux cookies pour grand-père. Chaque jour à quatre heures, nous arrêtions tout et prenions des cookies et du lait. "

P. KEVIN REMINGTON

Wiggly commença à penser que cela ne ressemblait pas du tout à ses grands-parents. C'était très étrange. Jonathan Thomas Henry et Squiggly aimaient tous les deux leurs grands-parents.

Jonathan Thomas Henry suggéra à Wiggly : " Va parler à ton grand-père. Découvre pourquoi il aime le thé à la camomille. Mieux encore, pourquoi ne pas prendre du thé à la camomille avec lui ? "

Le week-end suivant, Wiggly alla rendre visite à ses grands-parents. Wiggly parla avec son grand-père.

Wiggly prit le thé avec son grand-père.

Le lundi, à l'école, pendant la récréation, Wiggly avait toutes sortes d'histoires sur son grand-père à raconter à Squiggly et Jonathan Thomas Henry.

Avec une grande excitation, Wiggly dit : " Mon grandpère était ingénieur. Nous avons pris le thé. J'aime maintenant le thé à la camomille."

La fin

Les Monstres sous le Lit

P. Kevin Remington
Mai 2020

Je voudrais vous raconter une histoire à propos de mes trois amis Squiggly, Wiggly et Jonathan Thomas Henry, et du monstre sous le lit.

Squiggly, Wiggly et Jonathan Thomas Henry sont trois meilleurs amis. Ce sont trois vers qui vivent derrière mon cabanon dans le jardin. Maintenant, Squiggly et Wiggly étaient juste des vers normaux, mais leur ami Jonathan Thomas Henry était un peu étrange pour un ver. Par exemple, il aimait porter un chapeau appelé un fedora et un petit sac à dos de ver. Aucun vers que je connais ne porte un fedora et un sac à dos, sauf Jonathan Thomas Henry. Un jour, Squiggly, Wiggly et Jonathan Thomas Henry parlaient des monstres qui vivent sous le lit. Tout le monde sait que les monstres vivent sous le lit.

Squiggly avait une solution pour se protéger des monstres sous le lit. Ses parents lui avaient dit les mots magiques qui éloignent les monstres. Cela fonctionnait pour Squiggly. Chaque fois qu'il disait les mots magiques, cela éloignait les monstres de sous son lit. En fait, ces mots fonctionnaient pour les monstres et les girafes. Depuis que Squiggly avait dit les mots magiques, il n'avait jamais vu de girafe sous son lit, mais il ne prenait aucun risque et faisait toujours attention à dire les mots. Les mots magiques de Squiggly.

étaient "Booga! Booga! Booga!" Wiggly était également très préoccupé par les monstres sous son lit. Cependant, les parents de Wiggly lui avaient donné du jus de monstre. Si vous pulvérisez un peu de jus de monstre sous votre lit, les monstres ne peuvent pas y vivre. Chaque nuit, après que Wiggly était bordé dans son lit, il pulvérisait un peu de jus de monstre sous son lit. Il n'y a pas eu un seul monstre sous son lit depuis qu'il a pulvérisé le jus de monstre. Le jus de monstre sent un peu le vinaigre et la pomme, mais ce n'est pas grave car cela fonctionne.

Jonathan Thomas Henry avait un problème. Il savait qu'il y avait un monstre sous son lit. Il savait que s'il ne faisait pas attention à ne pas glisser hors des couvertures la nuit, le monstre l'attraperait. Jonathan Thomas Henry a dit à son père qu'il y avait un monstre sous son lit. Son père a dit "Il n'y a pas de monstres. Va te coucher." Chaque nuit, le père de Jonathan Thomas Henry lui lisait une histoire. Puis il le bordait. Ensuite, il allumait la veilleuse de Jonathan Thomas Henry, l'embrassait pour lui dire bonne nuit, partait et fermait la porte. Mais chaque nuit, après que son père ait quitté sa chambre, Jonathan Thomas Henry prenait son bâton télescopique de Scouts de Vers dans son sac à dos. Il étendait le bâton aussi loin qu'il pouvait, ce qui faisait presque deux pouces de long. Puis il balayait sous son lit pour s'assurer qu'il n'y avait pas de monstres. Pourtant, Jonathan Thomas Henry pensait qu'il y avait un monstre sous sonlit. Squiggly a suggéré que Jonathan Thomas Henry essaie les mots magiques. Après tout, les mots fonctionnent pour Squiggly, donc ils devraient fonctionner pour Jonathan Thomas Henry. La nuit suivante, le père de Jonathan Thomas Henry lui a lu une histoire. Puis il l'a bordé. Ensuite, il a allumé la veilleuse de Jonathan Thomas Henry, l'a embrassé pour lui dire bonne nuit, est parti et a fermé la porte. Cette nuit-là, avant de s'endormir, Jonathan Thomas Henry a dit les mots magiques "Booga! Booga! Booga!"

MON FRUMPY PULL DE LECTURE

Jonathan Thomas Henry n'était pas sûr que les mots aient fonctionné. Il a quand même sorti son bâton télescopique et a balayé sous son lit puis il s'est endormi.

Le lendemain à l'école, Wiggly a dit "Je peux te donner un peu de mon jus de monstre. Cela éloignera ton monstre."

La nuit suivante, le père de Jonathan Thomas Henry lui a lu une histoire. Puis il l'a bordé. Ensuite, il a allumé la veilleuse de Jonathan Thomas Henry, l'a embrassé pour lui dire bonne nuit, est parti et a fermé la porte.

Cette nuit-là, avant de s'endormir, Jonathan Thomas Henry a pulvérisé le jus de monstre sous le lit. Ça sentait le vinaigre et la pomme et il était toujours certain qu'il y avait un monstre sous son lit. Il a quand même sorti son bâton télescopique et a balayé sous son lit et n'a rien senti, alors il s'est endormi.

Le lendemain à l'école, Jonathan Thomas Henry a dit à Squiggly et Wiggly que rien ne fonctionnait. Il était sûr qu'il y avait toujours un monstre sous son lit.

Squiggly a dit "Pourquoi ne regardes-tu pas sous le lit ? Juste pour voir s'il y a vraiment un monstre."

Jonathan Thomas Henry était choqué et a dit "Et s'il y a un monstre ? Et s'il me mange ?"

Wiggly a dit "Il pourrait être amical." "Vraiment ?" a dit Jonathan Thomas Henry. "Vraiment !" ont dit Squiggly et Wiggly ensemble.

Cette nuit-là, Jonathan Thomas Henry a pensé qu'il allait regarder sous le lit. Il allait voir s'il y avait vraiment un monstre qui y vivait.

Cette nuit-là, le père de Jonathan Thomas Henry lui a lu une histoire. Puis il l'a bordé. Ensuite, il a allumé la veilleuse de Jonathan Thomas Henry, l'a embrassé pour lui dire bonne nuit, est parti et a fermé la porte.

Cette nuit-là, avant de s'endormir, Jonathan Thomas Henry a tendu la main vers son sac à dos. Et au lieu de sortir son bâton télescopique de Scout de Vers, il a sorti sa lampe de poche de Scout de Vers. Il est sorti du lit et a regardé sous le lit. Il n'a rien vu. Il a allumé sa lampe de poche et a regardé sous le lit. Il n'a toujours rien vu. Puis Jonathan Thomas Henry s'est glissé sous le lit et là, dans le coin du fond où il fait toujours sombre, il a dirigé sa lampe de poche et il y avait le monstre !

P. KEVIN REMINGTON

Oh mon dieu, Jonathan Thomas Henry avait peur ! Puis il a regardé de plus près. Puis il a encore regardé de plus près et il a vu que le monstre qui lui faisait tellement peur n'était qu'un grillon.

Jonathan Thomas Henry a dit "Bonjour !

Jonathan Thomas Henry était maintenant curieux et a demandé "Est-ce que tu vis sous mon lit ?" Le grillon a répondu "Oui, c'est un très bon lit."

"Je m'appelle Jonathan Thomas Henry, quel est ton nom ?" a demandé Jonathan Thomas Henry. "Larry" a dit le grillon. "Tu es Larry et tu vis sous mon lit" a dit Jonathan Thomas Henry. "Y a-t-il d'autres monstres sous mon lit ?" "Oh je n'ai jamais vu de monstre sous le lit" a dit Larry "Juste moi."

Jonathan Thomas Henry était toujours curieux et a demandé "Que fais-tu pendant la journée quand je vais à l'école ?"

Larry a dit "Je vais à l'école des grillons."

Puis Jonathan Thomas Henry et Larry ont eu une très belle conversation. Il semblait que Larry avait un problème. Il n'aimait pas la veilleuse.

La nuit suivante, le père de Jonathan Thomas Henry lui a lu une histoire. Puis il l'a bordé. Ensuite, il a allumé la veilleuse mais Jonathan Thomas Henry a dit qu'il n'avait plus besoin de la veilleuse.

Son père a demandé "Mais qu'en est-il des monstres ?" Jonathan Thomas Henry a dit "Il n'y a pas de monstres sous mon lit, juste un grillon nommé Larry."

Le père de Jonathan Thomas Henry l'a embrassé pour lui dire bonne nuit, est parti et a fermé la porte et n'a plus jamais allumé la veilleuse.

Squiggly, Wiggly et Jonathan Thomas Henry ont tous convenu qu'il n'y avait pas de monstres sous leurs lits.

La fin

La Grande Aventure de Camping

P. Kevin Remington
Juin 2020

J'aimerais vous raconter une histoire sur mes trois amis, Squiggly, Wiggly et Jonathan Thomas Henry. Squiggly, Wiggly et Jonathan Thomas Henry sont trois meilleurs amis. Ce sont trois vers qui vivent derrière mon abri de jardin dans l'arrière-cour.

Maintenant, Squiggly et Wiggly étaient des vers normaux, mais leur ami Jonathan Thomas Henry était un peu étrange pour un ver. Par exemple, il aimait porter un chapeau appelé fedora et un petit sac à dos de ver. Aucun ver que je connais ne porte de fedora et de sac à dos sauf Jonathan Thomas Henry.

Un jour, Squiggly, Wiggly et Jonathan Thomas Henry décidèrent d'aller camper. Le père de Jonathan Thomas Henry dit que, puisqu'ils ne sont que des petits vers, ils pourraient installer une tente dans la cour de Jonathan Thomas Henry et camper là-bas.

"Hourra !" crièrent Squiggly, Wiggly et Jonathan Thomas Henry. "Quelle excellente idée !"

Ce soir-là, après avoir monté la tente, les trois vers prirent leur matériel de camping : sacs de couchage Worm Scout et lampes de poche Worm Scout. Il n'y aurait que Squiggly, Wiggly, Jonathan Thomas Henry et Larry le grillon. Larry est un grillon qui vit sous le lit de Jonathan Thomas Henry. Jonathan Thomas Henry pensait que Larry était un monstre, mais il n'était qu'un grillon. Les trois amis pensaient qu'il serait très poli d'inviter Larry à se joindre à eux pour camper. Larry avait son propre sac de couchage de grillon.

P. KEVIN REMINGTON

Ce soir-là, alors que les garçons se préparaient à dormir, la mère de Jonathan Thomas Henry apporta des collations de camping. Ils avaient de petites barres de chocolat, des s'mores, des bonbons gélifiés et des carrés de riz croustillant.

Il se faisait tard et il commençait à faire sombre, Jonathan Thomas Henry alluma sa lampe de poche Worm Scout et ils s'installèrent tous dans leurs sacs de couchage. Une fois tout le monde installé, le moment était venu de raconter des histoires. Chaque sortie de camping a un moment où l'on raconte des histoires, et cette sortie de camping ne faisait pas exception.

Squiggly raconta la première histoire. C'était une grande aventure où il avait été capturé et emmené en haut d'un arbre. Ensuite, Wiggly raconta l'histoire de son grand-père et de toutes les aventures qu'il avait vécues en tant qu'ingénieur.

Quand ce fut le tour de Jonathan Thomas Henry de raconter une histoire, il raconta une histoire très effrayante sur le ver qui se transformait ! Larry, ne voulant pas être en reste, raconta l'histoire du grand grillon blanc. Le grand grillon blanc ne sort que la nuit, et seulement pendant les nuits de tempête. Il faut être très prudent pour que le grand grillon blanc ne vous attrape pas tard dans la nuit lors d'une tempête. Oh, c'était l'histoire la plus effrayante.

Après avoir raconté leurs histoires, ils se préparèrent à dormir. Dehors, ils pouvaient entendre le vent souffler et hurler. Whooosh whoosh. Ce n'était que le vent. Ensuite, les feuilles commencèrent à faire un bruit sous l'effet du vent dans les arbres. Swhooshy swhooshy ! Mais ce n'était que les feuilles, alors tout le monde pensait que tout allait bien.

Jonathan Thomas Henry dit : "Ne vous inquiétez pas. Tout va bien." Il laissa sa lampe de poche allumée et Squiggly, Wiggly et Larry allumèrent aussi leurs lampes de poche. Maintenant, les oiseaux commencèrent à faire du bruit dehors. Ils entendirent un hibou hululer et quelques petits oiseaux piailler.

Jonathan Thomas Henry dit : "Ce ne sont que des oiseaux. Tout va bien." Tout allait bien, mais les garçons n'arrivaient pas à s'endormir. Puis la pluie commença à tomber. Elle faisait un bruit terrible en tombant sur la tente.

Soudain, il y eut un fort coup de tonnerre et un éclat de lumière qui fit que l'intérieur de la tente ressemblait à un jour ensoleillé pendant un moment. Puis la tente revint à la lumière sombre des lampes de poche.

Jonathan Thomas Henry dit d'une voix tremblante mais courageuse : "Tout va bien, tout le monde. Ce n'est qu'une tempête et nous sommes en sécurité ici dans la tente."

Bientôt, la tempête passa. Tout le monde s'était enfin endormi.

Le matin, Squiggly et Wiggly dormaient profondément, blottis sur le sol de la chambre de Jonathan Thomas Henry. Jonathan Thomas Henry était bien en sécurité dans son lit. Et Larry était dans son coin sous le lit. C'était la fin de la grande aventure de camping de Squiggly, Wiggly, Jonathan Thomas Henry et Larry.

La fin

Squiggly, Wiggly, Jonathan Thomas Henry, et Orville

P. Kevin Remington
Aout 2020

Je voudrais vous raconter une histoire à propos de trois amis à moi. Ils vivaient derrière mon cabanon dans le jardin. Leurs noms sont Squiggly, Wiggly et Jonathan Thomas Henry, et ce sont des vers de terre. Squiggly et Wiggly sont des vers tout à fait normaux, mais leur ami Jonathan Thomas Henry est un peu différent. Il portait un fedora à l'école et un petit sac à dos de ver. Jonathan Thomas Henry ne faisait pas des choses de ver normales. Bien que Jonathan Thomas Henry soit un peu différent, Squiggly, Wiggly et Jonathan Thomas Henry sont les meilleurs amis du monde.

Laissez-moi vous raconter l'histoire de Squiggly, Wiggly, Jonathan Thomas Henry, et Orville.

Jonathan Thomas Henry était un scout ver. Squiggly et Wiggly étaient aussi des scouts vers, et les trois allaient aux réunions de scouts vers chaque lundi. Chaque lundi, le père de Squiggly venait chercher les trois vers et les emmenait aux scouts vers. Jonathan Thomas Henry vivait au coin de la rue. Chaque lundi soir, il se précipitait au coin où ils venaient le chercher. Il ne voulait pas être en retard et les faire attendre, alors il arrivait tôt et s'asseyait sur la boîte aux lettres au coin. Jonathan Thomas Henry attendait là que le père de Squiggly vienne le chercher.

MON FRUMPY PULL DE LECTURE

Pendant qu'il attendait sur la boîte aux lettres, le soleil se couchait et les étoiles commençaient à briller. Jonathan Thomas Henry voyait la première et la plus brillante étoile dans le ciel. Jonathan Thomas Henry se disait : "Voilà mon ami là-haut dans le ciel qui brille de mille feux."

Après un moment, Jonathan Thomas Henry pensa que son ami dans le ciel devrait avoir un nom. Il était certain que l'étoile avait un nom, mais Jonathan Thomas Henry ne le connaissait pas, alors il l'appela Orville.

Cette semaine-là, quand Squiggly, Wiggly et Jonathan Thomas Henry étaient à la réunion des scouts vers, il y avait un monsieur là pour leur parler des étoiles et des constellations et de leurs noms corrects. Ils apprirent le nom de la Grande Ourse. La Grande Ourse avait beaucoup de noms, comme Ursa Major, ce qui signifie le Grand Ours. Elle était aussi appelée le Chariot de Charles. Cela semblait très étrange pour les trois garçons, mais il paraît que c'était allemand et qu'un certain Charles avait un chariot. Elle était aussi appelée le Chariot, la Charrue, et cela dépendait de l'endroit où l'on vivait pour savoir quel nom était utilisé.

Les gens qui vivaient en Europe, en Amérique du Nord, en Chine et en Russie voyaient tous les mêmes étoiles et constellations, mais les appelaient par des noms différents. Squiggly, Wiggly et Jonathan Thomas Henry apprenaient les noms de la Grande Ourse, de la Petite Ourse, d'Orion et de Cassiopée, qui était autrefois une reine, mais qui ressemble maintenant à un "W" dans le ciel.

Jonathan Thomas Henry écoutait attentivement tout ce que le monsieur disait sur les étoiles dans le ciel. Jonathan Thomas Henry pensa que cet homme pourrait connaître le nom de l'étoile brillante dans le ciel qu'il avait appelée Orville. Après que Jonathan Thomas Henry lui ait posé la question, le monsieur répondit : "Oh, ça pourrait être l'Étoile du Nord, aussi appelée Polaris. Ou cela pourrait être une planète. Vénus est très brillante dans le ciel en début de soirée et réfléchit la lumière du soleil et ressemble à une étoile."

P. KEVIN REMINGTON

Jonathan Thomas Henry réfléchit à ce que le monsieur avait dit. Il n'aimait pas la réponse. Jonathan Thomas Henry pensait que chaque lundi soir, il s'asseyait sur la boîte aux lettres en attendant d'être pris en charge par le père de Squiggly. Et chaque lundi soir, pendant qu'il attendait, son ami étoile apparaissait dans le ciel et attendait avec lui. Non, ce serait impoli de l'appeler simplement l'Étoile du Nord ou Vénus. Non, son nom est Orville et c'est l'ami de Jonathan Thomas Henry.

Jonathan Thomas Henry discuta avec Squiggly et Wiggly. Ils discutèrent longuement et décidèrent que, puisque la Grande Ourse peut avoir plusieurs noms, et la Petite Ourse peut avoir plusieurs noms, et que Cassiopée peut être la Dame sur une chaise ou un "W", la première lumière brillante dans le ciel un lundi soir peut avoir le nom d'Orville. À partir de ce moment-là, chaque fois que la soirée arrivait et que le crépuscule s'installait, Jonathan Thomas Henry, Squiggly et Wiggly cherchaient la lumière brillante et disaient : "Bonjour Orville."

Toutes les autres étoiles apparaissaient brillantes et scintillantes, mais ils savaient qu'Orville était leur ami. Jonathan Thomas Henry avait un autre problème : la lune. Jupiter, Saturne, Mars, Neptune et Uranus avaient tous beaucoup de lunes, et elles avaient toutes des noms. Pourquoi la seule et unique lune autour de la Terre n'avait-elle pas de nom ? Mais c'est une histoire pour une autre fois.

La fin

L'anniversaire de Wiggly

P. Kevin Remington
Mai 2020

Je voudrais vous raconter une histoire sur mes trois amis Squiggly, Wiggly, et Jonathan Thomas Henry. Squiggly, Wiggly et Jonathan Thomas Henry sont trois meilleurs amis. Ce sont trois vers qui vivent derrière mon hangar dans le jardin.

Maintenant, Squiggly et Wiggly étaient des vers tout à fait normaux, mais leur ami Jonathan Thomas Henry était un peu étrange pour un ver. Par exemple, il aimait porter un chapeau appelé un fedora et un petit sac à dos de ver pour garder ses affaires. Aucun ver que je connais ne porte de fedora et un sac à dos sauf Jonathan Thomas Henry. Aujourd'hui allait être une journée vraiment géniale. Aujourd'hui, c'était l'anniversaire de Wiggly.

Wiggly sauta du lit. Il se précipita en bas à la table du petit déjeuner. Il s'assit là avec un grand sourire sur le visage et rien ne se passa. Sa mère avait préparé son petit déjeuner de larves grillées. Les vers aiment vraiment les larves grillées. Son père lui dit bonjour. Personne ne lui souhaita un joyeux anniversaire ni ne lui tapa dans le dos ni rien.

Peut-être qu'ils avaient juste oublié pensa Wiggly. Ils s'en souviendront et feront quelque chose plus tard.

Alors Wiggly alla à l'école. Il descendit la rue et passa devant la maison de M. Stone. M. Stone travaillait dans son jardin et tout ce que l'on pouvait voir était son dos. M. Stone travaillait toujours dans son jardin mais chaque jour, il souriait à Wiggly, lui faisait un signe de la main et disait bonjour. Aujourd'hui, tout ce que l'on pouvait voir était le dos de M. Stone. Il ne fit ni signe ni sourire ni rien. Wiggly trouva cela très étrange. Squiggly et Wiggly étaient des vers normaux, mais leur ami, Jonathan Thomas Henry, était un peu bizarre pour un ver. Par exemple, il aimait porter un chapeau, appelé fedora, et un petit sac à dos vermoulu pour ranger ses affaires. À ma connaissance, aucun ver ne porte de fedora et de sac à dos, à l'exception de Jonathan Thomas Henry.

Aujourd'hui allait être une très belle journée. C'était l'anniversaire de Wiggly.

Wiggly sauta du lit. Il se précipita en bas à la table du petit déjeuner. Il s'assit, un grand sourire aux lèvres, et rien ne se passa. Sa mère avait préparé son petit déjeuner de vers grillés. Les vers de terre aiment beaucoup les vers de terre grillés. Son père lui dit bonjour. Personne ne lui souhaita un joyeux anniversaire, ne lui donna une tape dans le dos ou quoi que ce soit d'autre. Peut-être ont-ils simplement oublié, pensa Wiggly. Ils s'en souviendront et feront quelque chose plus tard.

Wiggly se rendit donc à l'école. Il descendit la rue et passa devant la maison de M. Stone. M. Stone travaillait dans son jardin et on ne voyait que son dos. M. Stone travaillait toujours dans son jardin, mais chaque jour, il souriait à Wiggly, lui faisait signe et lui disait bonjour. Aujourd'hui, on ne voyait que le dos de M. Stone. Il ne saluait pas, ne souriait pas et ne faisait rien du tout. Wiggly trouve cela très étrange.

Wiggly continua son chemin vers l'école et retrouva ses amis Squiggly et Jonathan Thomas Henry.Une autre chose étrange se produisit. Lors des anniversaires, Jonathan Thomas Henry inclinait toujours son chapeau à la personne fêtée. Aujourd'hui, Jonathan Thomas Henry n'inclina pas son chapeau à Wiggly. Ils continuèrent simplement leur chemin vers l'école. Wiggly pensa peut-être qu'il avait juste oublié et le ferait plus tard.

Quand les trois amis arrivèrent à l'école, tout le monde était dans la cour en train de jouer. Ils jouaient au jeu préféré de Wiggly, "Tourner le Ver". Wiggly est très bon à "Tourner le Ver".

Lorsque la cloche sonna pour entrer en classe, tout le monde entra mais personne n'avait souhaité un joyeux anniversaire à Wiggly. Il était sûr que tout le monde savait que c'était son anniversaire, mais toujours pas de salutations joyeuses:

MON FRUMPY PULL DE LECTURE

Mme Grub, la maîtresse, commença à enseigner. Pendant qu'elle enseignait, Wiggly trouva cela étrange. D'habitude, quand c'est l'anniversaire de quelqu'un, Mme Grub fait chanter toute la classe "Joyeux Anniversaire" à cette personne. Personne ne chantait joyeux anniversaire à Wiggly et il commençait à devenir un peu triste.

À l'heure du déjeuner, Wiggly était un peu plus heureux. Il savait qu'ils se souviendraient de son anniversaire pendant le déjeuner. Jonathan Thomas Henry portait toujours une surprise pour la personne fêtée dans son sac à dos. Quand c'était l'anniversaire de Susie, Jonathan Thomas Henry lui avait donné une larve épicée. Quand c'était l'anniversaire de John, il lui avait donné un petit morceau de pomme qui était vraiment délicieux.

Le déjeuner arriva et passa. Jonathan Thomas Henry ne donna rien à Wiggly. Wiggly commençait à devenir triste. Personne ne lui avait souhaité un joyeux anniversaire. Personne ne lui avait incliné son chapeau. Personne ne lui avait donné quelque chose de spécial. Personne ne se souvenait de son anniversaire. Après l'école, les trois amis descendirent la rue comme ils le faisaient chaque jour. Squiggly et Jonathan Thomas Henry dirent alors "Au revoir !" et partirent. Ils ne restèrent même pas pour jouer.

Wiggly trouva cela très étrange, alors il rentra chez lui tout seul. Quand Wiggly rentra chez lui, il n'y avait personne. Il y avait juste une note qui disait "Le dîner est dans le four, pizza de vers." Wiggly mangea une part de pizza de vers. Il s'assit et fit ses devoirs. Alors que Wiggly allait se coucher, il entendit un bruit dans le jardin. Il alla voiar ce qui faisait ce bruit. Personne n'était à la maison, il ne devrait donc pas y avoir de bruit dans le jardin.

Wiggly regarda à travers la maison et personne n'était là. Quand il regarda dans le jardin, il entendit un très fort "Surprise !" Tout le monde était là. Il y avait Squiggly et Jonathan Thomas Henry. M. Stone et Mme Grub étaient là. Maman et Papa étaient là. Il y avait une grande banderole qui disait "Joyeux Anniversaire Wiggly !" à travers tout le jardin. Tout le monde s'était réuni pour faire de cet anniversaire la plus grande surprise jamais vue.

Wiggly était tellement heureux. Puis Wiggly vit que là, au milieu du jardin, l'attendait un énorme gâteau d'anniversaire. Il faisait trois étages de haut avec une bougie sur le dessus pour qu'il souffle. C'était le meilleur anniversaire que Wiggly ait jamais eu avec la meilleure surprise de toutes !

La fin

Slime de Noël

P. Kevin Remington
Mai 2020

Je voudrais vous raconter une histoire sur mes trois amis, Squiggly, Wiggly et Jonathan Thomas Henry. Squiggly, Wiggly et Jonathan Thomas Henry sont trois meilleurs amis. Ce sont trois vers qui vivent derrière mon abri dans l'arrière-cour.

Squiggly et Wiggly étaient des vers normaux, mais leur ami, Jonathan Thomas Henry, était un peu bizarre pour un ver. Par exemple, il aimait porter un chapeau, appelé fedora, et un petit sac à dos vermoulu. À ma connaissance, aucun ver ne porte de fedora et de sac à dos, à l'exception de Jonathan Thomas Henry.

Jonathan Thomas Henry aimait Noël. Il aimait tellement Noël qu'il allait même jusqu'à changer son chapeau, passant du fedora à la touque. C'était une belle touque de Noël rouge avec une bordure blanche et un pompon blanc au sommet.

Wiggly aimait chanter dans la chorale de Noël. Wiggly a une très belle voix. En fait, il chantait partout où il allait. Son chant de Noël préféré était "Keep Warm, Under the Compost Heap" (Restez au chaud, sous le tas de compost). Chaque fois que l'on voyait Wiggly pendant la période de Noël, on pouvait être sûr qu'il chantait en boucle "Restez au chaud, sous le tas de compost". Jonathan Thomas Henry et Squiggly suppliaient Wiggly de chanter un autre chant de Noël, mais c'était celui que Wiggly aimait chanter.

Squiggly aimait par-dessus tout Noël. Il aimait tout ce qui allait avec Noël, la musique, les cloches, les lumières tout autour

MON FRUMPY PULL DE LECTURE

de la ville, et toutes les portes illuminées par les paillettes de Noël. Squiggly a écrit une lettreallait recevoir pour Noël cette année. Squiggly écrivit une lettre pour dire à Krisworm où il vivait pour qu'il ne le manque pas. Il écrivit une lettre pour dire à Krisworm où vivaient Wiggly et Jonathan Thomas Henry, afin qu'on ne les manque pas. Squiggly écrivit une lettre pour dire à Krisworm qu'il mettrait les meilleures pommes devant la porte pour qu'il les trouve la veille de Noël.

Mes trois amis vont à l'école tous les jours, mais un jour, peu de temps avant Noël, Clochette était très triste. Pendant la récréation, il a parlé à Wiggly et à Jonathan Thomas Henry et leur a dit : "Mon père a trouvé un nouveau travail au tas de compost. Nous devons déménager. Je vais devoir aller dans une nouvelle école. Je ne pourrai plus jouer au centre commercial ou à la colline. Nous sommes à une semaine de Noël et le Père Noël ne saura pas où j'habite. Je n'ai pas le temps d'écrire une lettre pour dire à Krisworm où ma famille a déménagé. Cette année, je n'aurai pas de bave de Noël".

Jonathan Thomas Henry et Wiggly étaient très inquiets à ce sujet. Squiggly aimait vraiment Noël, et cela semble tellement injuste.

Tout le monde est rentré chez soi ce jour-là. Jonathan Thomas Henry appelle Wiggly. Ils parlaient et parlaient et ne savaient pas quoi faire. Ils voulaient faire quelque chose pour Squiggly.

Le lendemain, à l'école, Squiggly était beaucoup plus heureux et il a dit : "Hé, les gars, je n'ai pas besoin d'aller dans une nouvelle école. Mon père a juste déménagé deux rues plus bas pour qu'il soit plus proche de la décharge de la poste et que j'aille toujours à la même école".

Puis Squiggly a commencé à devenir un peu plus triste en disant : "Mais Krisworm ne pourra pas me trouver cette année. Je n'aurai pas le temps de lui dire où nous avons déménagé. Mais passez un bon Noël !"

Lundi, c'était Noël, et Jonathan Thomas Henry et Wiggly étaient très tristes pour Squiggly.

P. KEVIN REMINGTON

Le week-end précédant Noël, dans la nouvelle maison de Squiggly, tous les cartons étaient déballés. Tous les sacs étaient déballés. Il n'y avait aucune lueur de Noël autour de la porte. Il y avait aucune lumière de Noël nulle part. On aurait dit qu'il n'y avait pas de temps pour Noël.

Le jour de Noël arriva comme chaque année. Alors que la lumière commençait à peine à éclairer le jour, Squiggly pouvait voir la lumière glisser dans la fenêtre de sa chambre, et il y avait des étincelles.

Des étincelles ?

C'était très étrange. Alors que le soleil brillait et remplissait la chambre de Squiggly, toute la pièce était recouverte de bave de Noël. Il y avait de la bave de Noël au plafond. Il y avait de la bave de Noël sur l e sol. Il y avait de la bave de Noël sur tous les murs. Il y avait de la bave de Noël sur son lit. Il y avait de la bave de Noël partout.

"Maman, papa, le ver de Noël est arrivé ! J'ai été englué par Noël !", s'écrie Squiggly en sautant du lit et en courant vers la cuisine.

En arrivant à la cuisine, Squiggly remarque qu'il n'y a pas de bave de Noël dans la cuisine. En fait, il n'y avait pas de bave de Noël dans toute la maison, seulement dans sa chambre. C'était incroyable.

Squiggly a passé un Noël extraordinaire. C e même matin de Noël, lorsque Jonathan Thomas Henry et Wiggly se sont réveillés, le soleil s'est glissé dans leurs chambres. Par les fenêtres, la lumière du matin brillait, mais il n'y avait pas d'étincelles. Il n'y avait pas de bave de Noël dans aucune de leurs chambres. Il y avait de la bave de Noël dans tout le reste de leur maison, mais il n'y en avait pas dans leur chambre.

La veille de Noël, Jonathan Thomas Henry et Wiggly ont demandé à leurs mamans et à leurs papas de transporter leur bave de Noël de leur chambre à lachambre de Squiggly.

La fin

Joe Crow

P. Kevin Remington
Avril 2020

Il était une fois un petit garçon nommé Kyle qui se rendait chaque jour à l'école à pied. Il descendait la rue d'un pâté de maisons, puis partait à gauche.Deux pâtés de maisons jusqu'au feu rouge, puis encore un pâté de maisons jusqu'à l'école.

Tous les jours, Kyle sortait de chez lui et descendait la rue d'un pâté de maisons, et tous les jours, il voyait un grand corbeau assis sur le lampadaire.

Chaque jour, Kyle voyait le grand corbeau et lui disait "Bonjour !". Puis il partait à l'école. En marchant, il marmonnait pour lui-même parce que Kyle n'aimait pas l'école.

Chaque jour, Kyle marmonnait : " Je n'aime pas l'école. L'école n'est pas amusante. Je veux jouer. L'école, c'est pour les oiseaux !"

Un matin, lorsque Kyle sortit de chez lui et qu'il descendit le premier pâté de maisons, il vit le grand corbeau.

Kyle a dit : "Bonjour !"

Ce matin-là, il s'est passé quelque chose de différent.

Le corbeau répondit : "Pourquoi dites-vous que l'école est pour les oiseaux ? Je suis un oiseau. Je devrais peut-être venir à l'école pour voir".

Kyle était choqué. Aucun oiseau ne lui avait jamais parlé auparavant, et le grand corbeau lui parlait. Kyle réfléchit à ce que le corbeau avait dit et pensa que ce serait une bonne idée.

P. KEVIN REMINGTON

Le grand corbeau s'est envolé à côté de Kyle, mais ce dernier a dit : "Je ne peux pas t'emmener à l'école comme ça. Tu es un oiseau et on ne laisse pas entrer les oiseaux à l'école".

Kyle a eu une idée. Il avait ses vêtements de sport dans son sac à dos, et il a sorti un T-shirt supplémentaire qu'il a mis pardessus le corbeau. Il lui allait parfaitement. Ensuite, Kyle a mis sa casquette sur le corbeau. Elle lui allait parfaitement aussi. Ensuite, Kyle a sorti ses chaussures de sport de son sac à dos et les a mises sur le corbeau. Elles ne lui allaient pas du tout, alors il les a remises dans son sac à dos.

Comme le corbeau était habillé pour aller à l'école et que Kyle avait tout ce qu'il fallait dans son sac à dos, ils se rendirent tous les deux à l'école.

Le corbeau a ensuite demandé : "Que va-t-il se passer à l'école ? Qu'est-ce qu'on t'apprend ?"

Kyle répond qu'ils enseignent toutes sortes de choses, comme l'arithmétique, l'orthographe, la géographie, et toutes sortes de choses qu'ils pensent que les enfants devraient savoir.

Quand ils sont arrivés dans la classe de Kyle, le professeur a demandé : "Qui est avec toi, Kyle ?"

Kyle répond : "C'est mon cousin qui est en visite".

Le professeur leur a dit de s'asseoir au fond de la classe aujourd'hui. Une fois Kyle et le corbeau assis, l'enseignante prend les présences. Elle appelle tout le monde par son nom et quand elle arrive à Kyle, elle lui demande de presenter son cousin à la classe.

Kyle a dû réfléchir rapidement et il a dit : " Voici Joe Crow. C'est un cousin et un très bon ami à moi. Il est juste en visite". Kyle continue d'expliquer.

"Bienvenue dans la classe", dit le professeur.
Puis la classe a commencé. Ils ont commence par l'orthographe et ont appris à épeler des mots comme bus, train et autres véhicules qui se déplacent sur des roues. Puis la classe a commencé à apprendre l'arithmétique.

Ils ont appris que 1+1 = 2. Ils ont appris que 2+2 = 4. Ils ont appris qu'en divisant 9 par 3, on obtient 3.

MON FRUMPY PULL DE LECTURE

Le corbeau réfléchissait à toutes ces choses qu'ils apprenaient. Il se dit : "C'est très étrange. J'ai vécu longtemps et je n'ai jamais eu besoin de savoir que 1+1 = 2. Le corbeau commençait à être déconcerté.

Le sujet suivant est l'étude des sciences sociales. Ils vont apprendre à connaître les avions et à voler, mais d'abord, c'est l'heure de la récréation.

Tous les enfants sont allés jouer dehors, et Kyle et Joe sont allés jouer aussi. Ils sont allés sur les balançoires. Ils ont couru partout. Ils ont joué balle au prisonnier. Joe était vraiment bon à la balle au prisonnier parce qu'il n'a pas été touché une seule fois. Après la récréation, tous les enfants sont retournés en classe, et Kyle et Joe les ont accompagnés.

Après s'être assis, Joe pense que la récréation est une bonne chose pour l'école, mais il n'est pas sûr pour le reste.

Au début des cours de sciences sociales, le professeur a commencé à parler d'avions et de grandes ailes.

Joe était très intéressé parce qu'il était un corbeau et qu'il avait des ailes.

Le professeur a ensuite parlé des moteurs et de la façon dont ils poussent l'avion vers l'avant.

Joe était un corbeau et n'avait pas de moteur, il sautait simplement vers l'avant et battait des ailes.

Puis le professeur a parlé de la portance plus la poussée égale la traînée, et Joe était très confus. Joe ne savait pas de quoi ils parlaient. Le professeur a ensuite expliqué ce qu'étaient les grands avions, les petits avions et les avions qui planaient dans l'air.

Finalement, Joe en a eu assez. Il a sauté sur le bureau et a dit : "Squawk !".

L'enseignante s'est levée d'un bond sur son bureau et a dit : "Aïe ! Qu'est-ce que c'était ?"

Et Joe a encore dit "Squawk !".

Le professeur regarde Joe et lui dit : "Ce n'est pas un garçon, c'est un corbeau !".

P. KEVIN REMINGTON

Joe, le corbeau, dit : "Ce n'est pas comme ça qu'on vole. On déploie ses ailes, on saute et on bat des ailes. Si vous voulez tourner, vous battez des ailes de cette façon. Si tu veux tourner dans cette direction, tu bats des ailes dans cette direction. Et si tu veux atterrir, tu bouges doucement tes plumes".

Toute la classe est choquée et le professeur ne sait pas quoi dire.

Joe Crow a enlevé sa casquette et son T-shirt, il a déployé ses ailes, il a sauté, il a battu des ailes et il s'est envolé par la fenêtre.

Depuis ce jour, Kyle quittait sa maison le matin pour se rendre à l'école. Il marchait d'un pâté de maisons à l'autre et voyait le grand corbeau sur le lampadaire.

Kyle disait toujours : "Bonjour !"

Seulement, le corbeau répondait toujours : "L'école n'est pas pour les oiseaux. C'est pour les petits garçons comme toi. Vat'en !"
Et tous les jours, Kyle allait à l'école.

La fin

Le Plus Grand Magicien du Monde

P. Kevin Remington
Avril 2020

Kevin était le plus grand magicien du monde. En fait, Kevin était le sorcier le plus magnifique du monde. Kevin était si bon qu'il n'y aurait jamais personne de meilleur que lui dans tout le monde.

Kevin n'avait que huit ans.

Savez-vous comment Kevin savait qu'il était le plus grand magicien du monde ? Il est né de parents qui étaient fantastiques avec la magie.

La mère de Kevin était une sorcière météo. Sa mère pouvait faire pleuvoir quand les agriculteurs avaient besoin de pluie pour leurs cultures. Quand il y avait une mauvaise tempête, sa mère pouvait la faire partir en mer où il n'y avait aucun navire, et tout ce qui se passait serait une belle pluie sur la ville.

Le père de Kevin était un sorcier très important. Son père pouvait invoquer des démons pour aider à construire de grands édifices. Les démons aideraient à construire de grands bâtiments, des barrages et des ponts massifs. Les démons faisaient le travail trop dangereux pour les gens.

Grâce à ses parents merveilleux, Kevin savait qu'il allait être un magicien fantastique et le meilleur sorcier du monde entier. Il ne serait pas comme le père de son ami Erik. Le père d'Erik était l'un de ces magiciens de scène qui faisaient disparaître des choses, coupaient des dames en deux, et ce genre de choses. Non, Kevin allait être grandiose ! Comme son père.

Étant donné que Kevin allait être un grand sorcier, il pensait qu'il devait s'entraîner. Kevin pensait qu'il devait commencer par quelque chose de simple. Le père d'Erik faisait disparaître des choses, alors ça ne pouvait pas être si difficile. Kevin décida qu'il ferait disparaître des choses.

Kevin avait vu son père faire disparaître des choses, et il avait vu le père d'Erik faire disparaître des choses. Alors, Kevin a rassemblé tout le nécessaire et a tout mis en place correctement dans sa chambre. Il connaissait tous les bons mots. Kevin était prêt à faire disparaître des choses.

Kevin a mis son chien en peluche au milieu du sol. Kevin a mis le bon matériel autour du chien en peluche. Kevin a agité ses mains au-dessus du chien en peluche. Kevin a dit les mots magiques… et rien ne s'est passé.

Quelque chose devait être mal, alors Kevin a tout refait… et rien ne s'est passé. Kevin a décidé que peut-être cela ne fonctionne pas avec les chiens en peluche. Kevin a pris le chat de la famille et l'a mis au milieu du sol et a tout refait. Toujours rien. En fait, Kevin a essayé trois fois et toujours rien.

Évidemment, Kevin faisait quelque chose de mal. Il a décidé qu'il devait observer son père plus attentivement. Alors que Kevin allait quitter sa chambre, il a remarqué que la poignée de la porte de son placard manquait. Il trouvait cela très étrange car il ne se souvenait pas que sa mère ou son père avaient enlevé la poignée de la porte de son placard. Lorsque Kevin a tendu la main vers la porte de sa chambre, il a remarqué que la poignée de la porte de sa chambre manquait aussi ! Il trouvait cela très étrange.

Kevin a regardé partout dans la maison et n'a trouvé les poignées de porte nulle part. Il avait fait disparaître les poignées de porte ! Il ne pouvait pas faire disparaître le chien en peluche ou le chat de la famille, mais il pouvait faire disparaître des poignées de porte. C'est génial ! Il devrait être capable de faire disparaître d'autres choses.

Kevin a mis ses livres d'école au milieu de sa chambre. Il a fait tout le nécessaire pour les faire disparaître, et voilà, rien ne s'est passé. Enfin, presque rien. La poignée de la porte d'entrée et de la porte arrière avaient disparu.

MON FRUMPY PULL DE LECTURE

Kevin a cherché partout les poignées de porte manquantes. Il savait que sa mère et son père seraient contrariés de trouver toutes les poignées de porte disparues. Kevin a cherché et cherché.

Quand le père de Kevin est rentré à la maison, il a remarqué que les poignées de porte manquaient. Il savait exactement ce que Kevin avait fait.

Son père a dit : "Elles ne peuvent pas être allées bien loin, alors allons voir où elles ont atterri."

Ce n'est que plus tard dans la journée qu'ils ont trouvé toutes les poignées de porte au fond du puits dans leur jardin. Le père de Kevin a sorti toutes les poignées de porte du puits et les a remises sur toutes les portes. Puis il a eu une conversation avec Kevin. "Tu ne devrais pas jouer avec la magie," a commencé le père de Kevin. "Tu n'es pas assez âgé pour travailler avec la magie, donc tu dois arrêter de travailler la magie jusqu'à ce que tu sois plus vieux."

Kevin avait huit ans et il pensait qu'il était assez grand pour faire de la magie. Le lendemain, Kevin a décidé d'essayer quelque chose de différent. Maintenant qu'il sait comment faire disparaître quelque chose, il fera quelque chose de différent. Il ne savait juste pas quoi faire. Il savait qu'il avait des devoirs scolaires à faire, mais cela ne semblait pas du tout amusant. En fait, Kevin avait des devoirs de mathématiques, et les devoirs de mathématiques sont difficiles. Kevin a pensé que puisque son père appelait des démons pour faire le travail de construction difficile pour les gens, Kevin appellerait un démon pour faire ses devoirs de mathématiques difficiles. Ensuite, il aurait des notes parfaites à l'école.

Kevin a tout préparé et mis en place comme son père. Kevin a dit les mots magiques. Kevin a agité ses mains, comme son père, et pouf ! Il y avait un démon. En fait, c'était un démon arithmétique. Kevin ne savait pas grand-chose sur les démons arithmétiques, mais celui-ci ne faisait que des additions. Kevin devrait appeler un démon pour faire les soustractions. Il devrait appeler un démon pour faire les divisions. Il devrait appeler un démon pour faire les multiplications. Bientôt, sa chambre était pleine de démons, mais ses devoirs étaient tous faits. Les démons continuaient à travailler et faisaient ses devoirs de mathématiques pour le lendemain soir et une poignée de porte et les a tous fait disparaître.

P. KEVIN REMINGTON

Le problème était que Kevin avait vu son père appeler des démons, mais il n'avait jamais vu comment son père se débarrassait des démons. Kevin a pris tout son matériel de magie, il a dit les mots et agité ses mains, et rien n'a fonctionné. Les démons continuaient à faire des calculs. Bientôt, ils en seraient aux devoirs de mathématiques de l'année prochaine

Kevin a finalement eu une idée brillante. Il ne pouvait pas faire disparaître les démons, mais il pouvait faire disparaître des poignées de porte. Kevin a tout remis en place. Puis, juste avant de dire les mots et d'agiter ses mains, il a attaché une corde de la poignée de la porte de son placard au démon. Puis pouf, la poignée de porte a disparu, et le démon a disparu.

C'était une excellente solution. Kevin a attaché chaque démon à une poignée de porte et les a tous fait disparaître.

Malheureusement, Kevin avait fait disparaître la poignée de la porte de son placard. Il avait fait disparaître la poignée de la porte de sa chambre. Il avait fait disparaître les poignées de la porte d'entrée et de la porte arrière. Il avait même fait disparaître la poignée de la porte de la chambre de ses parents. Il n'avait pas de démon pour celle-là, mais il s'amusait à faire disparaître des choses.

Maintenant, Kevin était content. Les démons étaient partis. Ses devoirs de mathématiques étaient faits. En fait, tous ses devoirs de mathématiques pour toute l'année étaient faits. Kevin a décidé qu'il allait juste regarder un peu la télévision jusqu'à ce que ses parents rentrent à la maison.

Quand les parents de Kevin sont rentrés à la maison, ils ont remarqué que toutes les poignées de porte manquaient encore. Ils étaient très contrariés.

Ils ont dit : "Kevin, qu'est-ce que tu as fait ?"

Kevin a dit : "Rien. J'ai juste fait mes devoirs."

Le père de Kevin a demandé : "Pourquoi les poignées de porte manquent-elles ?"

Kevin a répondu qu'il avait appelé des démons pour l'aider

avec ses devoirs d'arithmétique. Il a ensuite expliqué qu'il ne savait pas comment se débarrasser des démons, alors il les a attachés aux poignées de porte et a fait disparaître les poignées de porte et les démons avec.

Le père de Kevin a crié : "Mince alors ! Tu as envoyé toutes ces poignées de porte au fond du puits avec les démons ?"

Ils ont tous couru dans le jardin jusqu'au puits, et bien sûr, là, au fond du puits, se trouvaient toutes les poignées de porte, et attaché à chaque poignée de porte, il y avait un démon.

Le père de Kevin a fait sa magie et a fait disparaître tous les démons. Puis il a remis toutes les poignées de porte sur toutes les portes. Ensuite, la mère et le père de Kevin ont fait refaire à Kevin tous les devoirs de mathématiques.

Kevin a dû expliquer à l'école pourquoi il n'avait pas fait ses devoirs. C'était une leçon très difficile pour Kevin.

La Fin

Linda et les Animaux Dangereux

P. Kevin Remington
Juillet 2020

Linda vivait avec sa mère et son père dans le parc national Terra Nova à Terre-Neuve-et-Labrador. Le père de Linda travaillait pour le parc, et ainsi, ils vivaient profondément dans le parc. Ils vivaient à 114 kilomètres de toute civilisation. Linda passait beaucoup de temps dans les bois à jouer toute seule. Ses parents lui rappelaient toujours de faire très attention dans les bois car il y avait des animaux dangereux et elle pourrait se blesser.

Linda ne savait pas ce qu'était un animal dangereux. Dans ses bandes dessinées, elle lisait des histoires sur les Reines Serpents et les Chats des Ravins, qui étaient supposés être très dangereux.

Chaque jour, Linda sortait dans les bois à la recherche des Reines Serpents et des Chats des Ravins.

Un jour, en cherchant des Reines Serpents et des Chats des Ravins, Linda se rendit compte qu'elle s'était éloignée trop loin de chez elle. La nuit commençait à tomber et elle ne savait pas comment rentrer chez elle. Elle ne trouva ni serpents ni chats, mais elle rencontra un orignal.

L'orignal regarda Linda. Linda regarda l'orignal.

L'orignal lécha Linda du menton jusqu'au sommet de sa tête, puis la prit par le col de sa veste et la ramena chez elle.

Le lendemain, Linda repartit à la recherche des Reines Serpents et des Chats des Ravins. Linda pensait que si elle trouvait les serpents et les chats, elle pourrait les montrer à sa mère et à son père, ils sauraient qu'elle serait en sécurité. Linda passa toute la journée à chercher dans les ravins, dans les buissons et dans les arbres. Elle chercha haut et bas. Elle chercha ici et là. Elle chercha partout mais ne fit pas attention à l'endroit où elle allait. Une fois de plus, la nuit tombait et Linda était perdue. Elle s'était encore une fois trop éloignée de chez elle. En tournant autour d'un arbre, elle tomba sur un grand ours.

L'ours regarda Linda. Linda regarda l'ours

L'ours lécha Linda du nombril jusqu'au sommet de sa tête, puis la prit par le siège de son pantalon et la ramena chez elle.

Le lendemain, Linda pensa qu'elle avait un plan pour ne plus se perdre. Elle chercherait en cercles autour de sa maison à la recherche des Reines Serpents et des Chats des Ravins. À mesure que les cercles deviendraient de plus en plus grands, Linda saurait toujours comment revenir au centre du cercle.

Encore une fois, la nuit tombait. Encore une fois, Linda se perdit. Il semble que lorsque les cercles sont très grands, on ne peut pas trouver le centre. Cette fois, il n'y avait ni orignal pour la ramener chez elle, ni ours pour la ramener chez elle. Cette fois-ci, elle tourna autour d'un arbre et tomba sur deux coyotes.

Les coyotes regardèrent Linda. Linda regarda les coyotes.

Les coyotes léchèrent Linda de partout, la prirent par les pieds et la traînèrent jusqu'à chez elle.

Le lendemain, alors que Linda se préparait à repartir en exploration, son père la vit s'apprêter à partir et lui demanda, "Où vas-tu ?"

Linda répondit, "Je vais chercher des animaux dangereux. J'ai cherché partout et je n'ai trouvé aucune Reine Serpent ni Chat des Ravins." Linda continua, "En fait, je continue de me perdre pendant mes recherches. Un jour, un orignal m'a ramenée chez moi. Le lendemain, un ours m'a ramenée chez moi. Hier, deux coyotes m'ont traînée chez moi."

La mère et le père de Linda s'exclamèrent, "Aïe ! Linda, ce sont des animaux dangereux !"

Linda répliqua, "Non, ce ne sont pas des animaux dangereux ! Ce sont mes amis."

La fin

Princesse Stéphanie et la Soupe aux Pois Cassés

P. Kevin Remington
Aout 2020

Il était une fois, il n'y a pas si longtemps, un royaume. Comme tous les royaumes, il y avait un château perché tout en haut d'une colline, et en contrebas du château se trouvait le village. Comme tous les royaumes, il y avait une famille royale composée d'un roi, d'une reine, d'un prince et de la princesse Stéphanie. La famille royale vivait dans le château. Les habitants du royaume vivaient dans le village. C'était un royaume heureux.

Tout le monde était très heureux dans ce royaume. Dans ce royaume, les gens avaient un plat spécial. C'était la spécialité de tout le royaume. Tout le monde savait comment faire ce plat. Chacun le préparait un peu différemment pour pouvoir dire que le sien était le meilleur. La spécialité du royaume était la soupe aux pois cassés.

Le roi adorait la soupe aux pois cassés. La reine adorait la soupe aux pois cassés. Le prince adorait la soupe aux pois cassés. La princesse Stéphanie, pas tellement.

Laissez-moi vous parler de la princesse Stéphanie. La princesse Stéphanie est une très jolie jeune fille. Elle a un très beau sourire et de longs cheveux noirs magnifiques qui tombent dans son dos. Elle aimait jouer avec les enfants du village, et ils sautaient à la corde, faisaient des ricochets dans le ruisseau, grimpaient aux arbres, pêchaient et même se bagarraient. En fait, la princesse Stéphanie aimait tous les gens du village, et tous les gens du village aimaient la princesse Stéphanie. Les deux seules choses que la princesse Stéphanie n'aimait pas étaient de porter des vêtements de princesse et la soupe aux pois cassés !

Je devrais expliquer que les vêtements de princesse ont tendance à gêner. Si vous essayez de grimper à un arbre et que vous ne pouvez pas lever la jambe parce qu'elle est coincée dans une grande robe de princesse duveteuse, cela devient beaucoup plus difficile. Avez-vous déjà essayé de sauter à la corde dans une grande robe de princesse duveteuse ? Vous devez replier la robe sous vos bras, sinon vous trébucherez. Si vous essayez de descendre dans le ruisseau pour pêcher, sa grande robe de princesse duveteuse serait trempée et ferait "flump" ! Cela rend la pêche très difficile.

Non, la princesse Stéphanie n'aimait pas porter des vêtements de princesse. La seule fois où la grande robe de princesse duveteuse était utile, c'était quand elle se battait avec les garçons. Ils ne pouvaient pas contourner la robe, et elle les plaquait facilement. Malgré tout, la princesse Stéphanie était très heureuse de courir et de jouer avec les enfants.

Ai-je mentionné que dans ce royaume, ils faisaient une magnifique soupe aux pois cassés ? C'était la meilleure soupe aux pois cassés de tous les temps. C'était même la nourriture nationale du royaume. Tout le monde dans le royaume adorait la soupe aux pois cassés.

Je devrais expliquer que les vêtements de princesse ont tendance à gêner. Si vous essayez de grimper à un arbre et que vous ne pouvez pas lever la jambe parce qu'elle est coincée dans une grande robe de princesse duveteuse, cela devient beaucoup plus difficile. Avez-vous déjà essayé de sauter à la corde dans une grande robe de princesse duveteuse ? Vous devez replier la robe sous vos bras, sinon vous trébucherez. Si vous essayez de descendre dans le ruisseau pour pêcher, sa grande robe de princesse duveteuse serait trempée et ferait "flump" ! Cela rend la pêche très difficile.

P. KEVIN REMINGTON

Non, la princesse Stéphanie n'aimait pas porter des vêtements de princesse. La seule fois où la grande robe de princesse duveteuse était utile, c'était quand elle se battait avec les garçons. Ils ne pouvaient pas contourner la robe, et elle les plaquait facilement. Malgré tout, la princesse Stéphanie était très heureuse de courir et de jouer avec les enfants.

Ai-je mentionné que dans ce royaume, ils faisaient une magnifique soupe aux pois cassés ? C'était la meilleure soupe aux pois cassés de tous les temps. C'était même la nourriture nationale du royaume. Tout le monde dans le royaume adorait la soupe aux pois cassés.

Tous les villageois adoraient la soupe. Le roi adorait la soupe aux pois cassés. La reine adorait la soupe aux pois cassés. Le prince adorait la soupe aux pois cassés. La princesse Stéphanie, pas tellement.

Étant donné que c'était la nourriture du royaume, tout le monde s'attendait à ce que tout le monde adore la soupe aux pois cassés. Tout le monde savait que la famille royale aimait tous la soupe aux pois cassés, sauf la princesse Stéphanie, mais tout le monde aimait quand même la princesse Stéphanie.

Un jour, un cordonnier et sa famille ont emménagé dans le village. Ils venaient juste de déménager dans le village depuis la colline. Le cordonnier, tout le monde s'en rendit compte rapidement, fabriquait des chaussures et des bottes magnifiques.

La princesse Stéphanie avait besoin de nouvelles chaussures et avait entendu parler du cordonnier qui fabriquait de magnifiques chaussures. La princesse Stéphanie se rendit chez le cordonnier et frappa à la porte.

"Toc ! Toc ! Toc !"

Quand le cordonnier ouvrit la porte, la princesse Stéphanie dit, "J'ai besoin de nouvelles chaussures, pouvez-vous m'en fabriquer une paire ? " Le cordonnier dit, "Entrez," et il mesura son pied, fit des dessins, et dit que les nouvelles chaussures seraient prêtes mardi. Pendant que la princesse Stéphanie se faisait mesurer, elle remarqua le fils du cordonnier. C'était un très beau garçon. La princesse Stéphanie ne l'avait jamais vu auparavant dans le village et pensa qu'elle devrait se lier d'amitié avec lui. Elle le fit donc.

MON FRUMPY PULL DE LECTURE

Ils allèrent se promener dans les collines. Ils allèrent pêcher dans le ruisseau. Ils cueillirent des baies de sureau et des fraises et passèrent un après-midi merveilleux.

Ce soir-là, alors que la princesse Stéphanie s'apprêtait à rentrer au château, la femme du cordonnier l'invita à rester pour le dîner. La femme du cordonnier avait entendu dire que la soupe aux pois cassés était le plat du royaume, et tout le monde aimait la soupe aux pois cassés. La femme du cordonnier demanda à un voisin comment faire de la soupe aux pois cassés. Elle apprit à faire bouillir l'eau correctement, à ajouter les ingrédients, à remuer, à mijoter et à faire une excellente soupe aux pois cassés.

Le cordonnier et sa famille n'étaient pas du village. Ils venaient juste d'emménager dans le village, et personne ne leur avait dit que la princesse Stéphanie n'aimait pas la soupe aux pois cassés.

Quand tout le monde s'assit pour dîner, ils reçurent tous un grand bol de soupe aux pois cassés, y compris la princesse Stéphanie parce qu'elle était leur invitée spéciale.

Quand la princesse Stéphanie vit la soupe aux pois cassés devant elle, savez-vous ce qu'elle fit ? Elle mangea la soupe aux pois cassés. En fait, elle finit tout son bol de soupe aux pois cassés.

La princesse Stéphanie dit alors à la femme du cordonnier," C'est la meilleure soupe aux pois cassés que j'ai mangée depuis très longtemps."

La princesse Stéphanie ne mentait pas. La princesse Stéphanie n'avait tout simplement pas mangé de soupe aux pois cassés depuis des années parce qu'elle n'aimait pas la soupe aux pois cassés.

Quand la femme du cordonnier offrit plus de soupe à la princesse Stéphanie, elle dit " Non, merci. J'en ai assez eu " parce qu'elle était une véritable princesse et ne voulait pas insulter la femme du cordonnier en lui disant qu'elle n'aimait pas la soupe aux pois cassés.

Le lendemain, pendant que la princesse Stéphanie et le beau garçon jouaient, elle lui dit qu'elle n'aimait vraiment pas la soupe aux pois cassés.

P. KEVIN REMINGTON

"Quoi ! " s'écria le garçon." "La soupe aux pois cassés est la nourriture nationale du royaume, et tout le monde aime la soupe aux pois cassés, " bafouilla le garçon. " Je sais, " dit la princesse Stéphanie. " Mon père, le roi, et ma mère, la reine, et même mon frère, le prince, aiment la soupe aux pois cassés, mais pas moi, " expliqua la princesse Stéphanie.

"Oh, et c'est ce que ma mère vous a servi," soupira le garçon.

La princesse Stéphanie essaya de calmer le garçon et dit," Ce n'est pas grave, je mangerai la soupe aux pois cassés de ta maman.

Le lendemain, quand la femme du cordonnier invita la princesse Stéphanie à dîner, la princesse Stéphanie était très préoccupée. Elle n'aimait pas la soupe aux pois cassés. Elle ne voulait pas être impolie et refuser l'invitation à dîner. La princesse Stéphanie pensa et pensa et décida finalement d'accepter l'invitation à dîner.

Quand tout le monde fut assis, la nourriture fut placée devant chaque personne. Devant le cordonnier se trouvait un bol de soupe aux pois cassés. Devant le garçon se trouvait un bol de soupe aux pois cassés. Devant la princesse Stéphanie se trouvait un sandwich au beurre de cacahuète et à la confiture.

La princesse Stéphanie mangea son sandwich au beurre de cacahuète et à la confiture et eut un grand sourire sur le visage en disant, "Merci."

À partir de ce jour, tout le monde dans le royaume sut que la princesse Stéphanie n'aimait pas la soupe aux pois cassés.

La fin

Gladys l'élan

P. Kevin Remington
Juillet 2020

Il était une fois, Kyle, sa famille et son chien sont allés camper dans le parc Algonquin. Chaque année, Kyle, sa famille et son chien allaient camper dans le parc Algonquin. Ils prenaient la voiture jusqu'au lac et déchargeaient l'équipement de camping et les canoës. Ensuite, ils chargeaient tout l'équipement dans les canoës et partaient sur le lac.

Ils ramaient et ramaient. Puis ils ramaient encore. C'était un très grand lac, et ils ramaient au-delà des campeurs avec leurs cabanes et leurs bateaux à moteur. Quand ils arrivaient de l'autre côté du lac, ils déchargeaient tout leur équipement et portaient le matériel à travers le sentier jusqu'à un autre lac.

Ils mettaient tout leur équipement de nouveau dans les canoës et commençaient à ramer à travers ce lac. Ils ramaient et ramaient jusqu'à dépasser même les gens qui campaient avec des chaises de jardin. Quand ils arrivaient de l'autre côté du lac, ils déchargeaient tout leur équipement et portaient le matériel à travers le sentier jusqu'à un autre lac.

Ils remettaient tout leur équipement dans les canoës et commençaient à ramer encore et encore jusqu'à trouver le parfait endroit de camping. Cette année, ils ont trouvé le site de camping idéal sur un petit lac appelé Otter Slide. Dans ce lac, il y avait une petite île. Sur cette île se trouvait l'endroit parfait pour camper.

P. KEVIN REMINGTON

Là, ils ont déchargé tout leur équipement de camping et installé le camp. Ils ont monté leurs deux tentes. Ils ont accroché un hamac. Ils ont préparé un feu de camp. Ils ont suspendu leur nourriture en haut d'un arbre pour que les animaux ne puissent pas y accéder. Quand tout était en place comme ils le souhaitaient, ils sont allés nager. Le lendemain, la famille a décidé de faire un tour en canoë autour du lac pour une excursion d'une journée et voir ce qu'ils trouveraient dans la nature. Tout le monde est monté dans les canoës pour l'excursion d'une journée, sauf Kyle. Kyle était très fatigué et a dit : "Je suis très fatigué. J'ai ramé plus fort que tout le monde hier. Je vais m'allonger dans ce hamac et faire une sieste."

Et il l'a fait.

Le reste de la famille est parti pour leur excursion d'une journée. Sur le même lac, Otter Slide, vivait une élan nommée Gladys. Gladys aimait Otter Slide parce qu'elle pouvait nager dans l'eau. Elle mangeait les feuilles d'arbre et l'écorce savoureuses autour du lac. Gladys aimait vraiment se promener dans l'eau peu profonde à côté de son île préférée puis traverser l'île.

Ce jour-là, quand Gladys est partie se promener, elle a traversé l'eau peu profonde jusqu'à son île préférée, et en traversant l'île, elle a vu deux tentes. Elle ne savait pas pourquoi il y avait des tentes sur son île préférée, alors elle a mis son nez dans les tentes pour voir ce qu'il y avait dedans. C'est tout ce qu'elle pouvait y mettre parce qu'elles étaient bien trop petites pour un élan. Puis elle a marché un peu plus loin et a vu de la nourriture suspendue en haut d'un arbre. Gladys trouvait cela très étrange. Puis elle a traversé le campement et a vu des chaussures, des livres et un feu de camp tout installé. Ensuite, Gladys a remarqué le hamac.

Gladys n'avait jamais vu de hamac auparavant. Elle a reniflé le hamac. Elle a remarqué qu'il allait d'un arbre à un autre. Au milieu, il semblait un peu bosselé, alors elle l'a reniflé et heurté avec son nez. C'est alors qu'elle a remarqué qu'il y avait un humain dans le hamac.

Kyle dormait là. Gladys ne savait pas ce qu'était un Kyle dormant. Elle a reniflé un peu ses pieds. Elle a reniflé son nombril. Elle a reniflé son visage. Puis Gladys a voulu savoir si un Kyle était savoureux, alors elle l'a léché du menton au front.

Puis Kyle s'est réveillé en sursaut et a dit : "Aïe ! Un élan !" Puis il s'est évanoui.

Cela a effrayé Gladys, et elle a dit : "Aïe !"

Gladys a alors bondi, couru autour du campement, deux fois autour des tentes, sauté dans l'eau et nagé jusqu'à l'autre côté du lac.

Quand la famille et le chien de la famille sont revenus de leur excursion d'une journée, Kyle était tout excité et leur a dit qu'un élan était venu dans leur campement. Et un élan lui avait léché le visage. Et...

"Oui, oui, oui," a dit la famille, ne croyant pas Kyle.

La famille avait vu un élan lors de leur excursion. Ils avaient vu un grand élan avec un magnifique panache de bois. Il était au bout du ruisseau et c'était un animal très magnifique, alors ils étaient sûrs qu'il n'y aurait pas d'élan dans leur campement.

Kyle a essayé de les convaincre, mais personne ne le croyait. Le lendemain, tout le monde s'est détendu au campement. Ils sont allés nager. Ils ont mangé des s'mores. Ils ont juste passé une journée très tranquille et relaxante.

Le jour suivant, Gladys a traversé l'eau. Elle a marché jusqu'à son île préférée. Elle a vu le campement et a fait le tour du campement. Gladys a vu Kyle. Elle a souri à Kyle. Kyle a fait signe à Gladys. Puis Gladys a sauté dans l'eau et a nagé jusqu'à l'autre côté du lac et a disparu.

Tout le monde au campement était figé. Ils étaient sous le choc avec les yeux écarquillés et la bouche grande ouverte, et ils regardaient tous Kyle. Puis ils ont tous regardé là où l'élan nageait.

Puis ils se sont tous tournés vers Kyle et ont dit : "Nous sommes désolés de ne pas t'avoir cru. C'était un élan !"

Kyle a juste souri et dit "Oui !" puis est allé faire une sieste dans le hamac.

La fin

Cheri et le Cheeseburger

P. Kevin Remington
Juillet 2020

Quand Cheri était petite fille, elle adorait faire du vélo. Elle roulait jusqu'au coin de la rue parce qu'elle avait cinq ans et avait le droit d'y aller. Puis elle roulait jusqu'à l'autre coin parce qu'elle était très douée pour faire du vélo.

Quand Cheri faisait du vélo, elle voyait toutes sortes de choses. Cheri voyait sa maison et les fleurs devant la maison et les petits nains de jardin dans les jardins devant la maison. Elle voyait la maison de son voisin, qui avait un treillis avec beaucoup de fleurs qui poussaient partout. Quand elle arrivait au coin de la rue, elle voyait le bâtiment du temple juste là au coin. C'est là qu'ils allaient se rencontrer chaque samedi.

Cheri était très fière de pouvoir faire du vélo d'un coin à l'autre.

Un jour, Cheri et sa famille sont sortis pour dîner. Ils sont allés chez McDonald's. C'était le restaurant préféré de Cheri parce qu'ils avaient de la nourriture merveilleuse et des jouets pour les enfants.

Ils avaient des frites, qui étaient vraiment bonnes

Ils avaient des tartes aux pommes, qui étaient vraiment bonnes.

Ils avaient des Big Macs, qui étaient vraiment, vraiment bons.

Il y avait aussi un cheeseburger au bacon qui avait l'air vraiment bon. Cheri n'avait jamais mangé de cheeseburger au bacon. Cheri voulait essayer un cheeseburger au bacon parce qu'elle avait entendu dire que c'était vraiment le meilleur.

MON FRUMPY PULL DE LECTURE

Cheri a demandé à son père, "Papa, puis-je avoir un cheeseburger au bacon aujourd'hui ? J'ai entendu dire qu'ils sont vraiment bons."

Le père de Cheri a répondu, "Non, tu ne peux pas manger de bacon. Nous ne mangeons pas de bacon."

Cheri était confuse et a demandé, " Pourquoi ?"

Son père a répondu, " Parce que nous sommes juifs, et les Juifs ne mangent pas de bacon. Je suis désolé, mais tu ne peux pas avoir de cheeseburger au bacon. "

Cheri était toujours confuse et a demandé encore," Pourquoi ? "

Son père a expliqué qu'il y avait des lois que les Juifs suivent, et l'une de ces lois est de ne pas manger de bacon. Cheri était très triste. Cheri continuait de demander pourquoi, et elle continuait de recevoir des réponses qu'elle ne comprenait pas

Après tout, Cheri n'avait que cinq ans.

Cheri a pris un Big Mac à la place, et c'était vraiment bon, mais elle voulait vraiment ce cheeseburger au bacon.

Quand la famille est rentrée à la maison, Cheri a pris son vélo et a pensé qu'il pourrait y avoir une meilleure réponse au temple.

Cheri a roulé jusqu'au temple au coin de la rue. Ensuite, elle est montée à la porte et a frappé. Blam ! Blam ! Blam !

Quand le rabbin a ouvert la porte, Cheri a dit, " Rabbin, j'ai une question. "

Le rabbin a répondu, " Oui, quelle est ta question ? "

Cheri a dit, " Mon père ne me laisse pas manger de cheeseburger au bacon. Je voulais un cheeseburger au bacon parce que j'ai entendu dire qu'ils sont vraiment savoureux. Pourquoi ne puis-je pas manger de cheeseburger au bacon ? "

Le rabbin a expliqué, " Ils sont peut-être savoureux. Je n'en ai jamais mangé moi-même. Je suis juif. Tu es juive. Les Juifs ne mangent pas de viande de porc. Le bacon vient d'un porc, donc nous n'en mangeons pas. "

P. KEVIN REMINGTON

Cheri a gémi, " Mais c'est très savoureux. Mes amis disent que c'est très savoureux. Pourquoi ne mangeons-nous pas de bacon ? "

Le rabbin a commencé à raconter une histoire à Cheri. Il a dit, " Tu te souviens de Moïse ? Nous avons parlé de Moïse et de la façon dont il a séparé les eaux de la mer Rouge et a conduit les Israélites à travers le désert. Avant que Moïse ne fasse cela, il vivait en Égypte et essayait de suivre les lois de l'Égypte. Cependant, Moïse n'aimait pas ce que les lois égyptiennes faisaient aux Israélites. Alors Moïse s'est enfui. Un peu comme tu t'es enfuie de ta maison jusqu'au temple. Moïse a couru bien plus loin. Il a couru jusqu'au désert. Dans le désert, Moïse pensait qu'il pouvait maintenant faire ce qu'il voulait. Mais Dieu avait un plan différent pour Moïse. Dieu a mis un buisson devant Moïse. Le buisson semblait être en feu parce qu'il y avait des flammes, mais le buisson ne semblait pas brûler. Moïse ne savait pas quoi faire. "

"Dieu savait quoi faire. Dieu a dit, 'Moïse, enlève tes chaussures parce que tu te tiens dans un endroit très spécial.' Et Moïse a fait ce que Dieu a demandé. Et Moïse et Dieu ont discuté juste là. Dieu a dit à Moïse, 'Si tu suis mes règles et mes lois, je prendrai soin de toi.' Nous savons tous ce qui s'est passé après cela. Moïse a suivi les règles et les lois et est allé chercher les Israélites en Égypte. Nous connaissons tous cette histoire. Cheri, tu connais cette histoire. "

Cheri a hoché la tête. Le rabbin a continué, " C'est comme ton cheeseburger au bacon. Moïse ne comprenait pas pourquoi Dieu voulait qu'il fasse les choses qu'il faisait, mais il les faisait pour suivre les règles et les lois. Tu ne comprends peut-être pas pourquoi ton père ne te laisse pas manger de cheeseburger au bacon, mais sache qu'il prend soin de toi. "

Après cette conversation avec le rabbin, Cheri a pris son vélo et a roulé jusqu'à la maison. Elle est entrée dans la maison et a vu son père assis sur sa chaise. Cheri a dit, " Papa, je veux toujours un cheeseburger au bacon, mais je t'aime. "

"Je t'aime aussi, " a dit son père.

Cheri n'a jamais mangé de cheeseburger au bacon.

La fin

La Babysitter

P. Kevin Remington
Juillet 2020

Kevin était un vieil homme sympathique qui vivait dans le quartier. En hiver, Kevin pelletait soigneusement son trottoir pour que les gens puissent marcher en toute sécurité sans glisser. En été, il s'asseyait sous son porche, buvait du thé Earl Grey chaud et regardait les couchers de soleil. Lorsque des gens passaient, Kevin leur souriait et les saluait en disant "Bonjour. À l'automne, il cueillait des baies de sureau et préparait des tartes aux baies de sureau qu'il partageait avec ses voisins.

Kevin n'était qu'un vieil homme sympathique et tranquille qui vivait dans le quartier.

Unjour , sa voisine, Susan, lui demande s'il peut garder sa fille, Addison, pendant un petit moment. Susan avait un rendezvous chez le médecin et ne pouvait pas emmener sa fille avec elle.

Kevin a réfléchi un moment et s'est dit qu'il pouvait le faire, surveiller Addison. Après tout, Kevin avait déjà gardé son petitfils, Turner. Lorsque Turner est arrivé, ils se sont assis ensemble et ont bu une bonne tasse de thé, joué aux échecs, regardé un film et passé un agréable moment. Kevin et Turner ont repris le thé et bavardé jusqu'à ce qu'il soit temps pour Turner de rentrer chez ses parents. Kevin s'en souvient avec émotion et se dit qu'il serait bien de garder Addison.

Le lendemain, lorsque Addison doit venir chez lui, Kevin est prêt. Il avait préparé le thé. Le jeu d'échecs était prêt à être joué. Il était prêt à s'occuper d'Addison.

P. KEVIN REMINGTON

Quand Addison est arrivée, Kevin a demandé : "Qu'est-ce que tu veux faire aujourd'hui ?"

Addison s'empresse de répondre : "Je veux jouer à un jeu". "Quel jeu aimerais-tu jouer ? demanda Kevin.

"Cache-cache", répond Addison. Elle explique ensuite comment jouer : "Tu comptes jusqu'à trente et je vais me cacher."
Kevin s'est couvert les yeux et a compté jusqu'à trente avant de partir à la recherche d'Addison.

Addison n'était qu'une petite fille de six ou sept ans. Elle n'était pas très douée pour se cacher. En fait, elle se cachait derrière les rideaux du salon et Kevin pouvait voir ses chaussures dépasser sous les rideaux.

Kevin ne voulait pas trouver Addison tout de suite parce qu'il pensait que cela ne rendrait pas le jeu très amusant. Kevin a regardé partout et a annoncé où il cherchait pour qu'Addison puisse l'entendre.

Kevin a regardé le canapé et a dit : "Non, pas d'Addison sur le canapé".

Ensuite, Kevin a regardé dans les tasses de thé et a dit haut et fort : "Pas d'Addison dans les tasses de thé".

Ace moment-là, Kevin a entendu un petit rire derrière les rideaux. Kevin s'est approché du ricanement et a écarté les rideaux.
a crié : "Je t'ai trouvé !"

Addison rit de joie et explique : "Maintenant, tu te caches". Kevin ne voulait pas vraiment se cacher et a suggéré qu'ils le fassent autre chose.

"Pourquoi ne pas faire des biscuits ? suggère Kevin.

Addison était très excitée et a répondu : "Oui, j'adore faire des biscuits aux pépites de chocolat".

Kevin a sorti un petit tabouret pour qu'Addison puisse atteindre le comptoir. Puis ils ont commencé à faire des biscuits.

Kevin a sorti un grand bol. Ils ont dû mettre la farine dans le bol.

Kevin a laissé Addison l'aider à mesurer la farine dans le bol.

MON FRUMPY PULL DE LECTURE

Addison s'amusait beaucoup, et bientôt la farine était dans le bol, sur le comptoir, dans l'évier, au-dessus des armoires, et en général partout.

Ensuite, il était temps de casser les oeufs et de les mettre dans le bol. La recette ne prévoyait que deux oeufs, mais Addison en a fait tomber un en quelque sorte oeuf.

Un autre oeuf a roulé du bout du comptoir et s'est écrasé sur le sol. Et, d'une manière ou d'une autre, un oeuf s'est retrouvé dans le luminaire du plafond. Deux oeufs se sont retrouvés dans le bol.

Ensuite, ils ont ajouté le lait. Cette fois, Kevin l'a ajouté avec précaution. Il est ensuite temps d'ajouter le sucre, le cacao en poudre et enfin les pépites de chocolat. La bonne quantité de sucre et de cacao en poudre s'est peut-être retrouvée dans le bol. Il y avait certainement des traces de sucre et de cacao en poudre sur le comptoir et le sol. Ils n'avaient besoin que d'un seul
tasse de pépites de chocolat.

Addison a dû tester les pépites de chocolat pour s'assurer qu'elles étaient assez savoureuses. Puis elle a dû tester les pépites de chocolat pour s'assurer qu'elles avaient la bonne dureté. Et c'est seulement Kevin qui a réussi à garder assez de pépites de chocolat pour les biscuits. Addison avait la bouche pleine de pépites de chocolat et ne pouvait rien dire.

Une fois que tout était dans le bol et bien mélangé, Addison nous a aidés à les déposer sur une plaque pour les faire cuire au four. Il y a eu de grandes bouchées. Il y a eu de petites boules. Il y a eu des boules qui ont volé dans les airs et se sont collées au réfrigérateur.

Finalement, Kevin a demandé à Addison de s'éloigner parce que le four était très chaud, et il a mis les boules de biscuits à cuire.

Lorsque les biscuits aux pépites de chocolat sont prêts à être sortis, Kevin suggère qu'ils en mangent quelques-uns, juste pour s'assurer qu'ils sont assez savoureux.

Addison dit : "Oui ! Je voudrais du lait pour tremper mes biscuits. Mon papa trempe toujours ses biscuits".

P. KEVIN REMINGTON

Kevin a pris deux verres de lait. Un pour lui et un pour Addison, et ils ont trempé des biscuits et mangé des biscuits aux pépites de chocolat.

Après le lait et les biscuits, Kevin a pensé qu'ils pourraient lire un livre ou regarder un film et se détendre.

Kevin demande à Addison : "Qu'est-ce que tu veux faire maintenant ?" Addison a répondu : "Je veux jouer à un jeu. Je veux jouer à cache-cache". Kevin a de nouveau compté jusqu'à trente, et Addison est partie se cacher. Kevin a vérifié derrière les rideaux, et il n'y avait pas Addison. Il a vérifié sur le dessus du canapé, et il n'y avait pas Addison. Il a vérifié sous le canapé, et il n'y avait pas Addison. Puis Kevin a remarqué toutes ces petites empreintes de pieds blanches dues à la farine renversée lors de la préparation des biscuits.

Kevin a suivi les traces de pas dans toute la maison. Les empreintes sont allées dans la salle de bain, puis dans le garage. Les empreintes sont allées du garage à la cave. Les empreintes sont allées du sous-sol à la chambre à coucher. Les empreintes se sont finalement arrêtées dans la salle familiale.

Kevin a trouvé Addison sous le tapis de la salle familiale. Kevin a alors dit : "Pourquoi ne pas jouer à un jeu que j'aime ? Veux-tu jouer aux échecs ?"

Addison a pris un air étrange et a dit : "Les échecs ? Comment joues-tu aux échecs ?"

Kevin a expliqué que l'on s'assoit à cette table avec l'échiquier et que l'on déplace les pièces.

Addison a dit qu'elle aimait déplacer les pièces. Elle a ensuite pris le cheval et a demandé ce qu'il faisait dans le jeu.

Kevin a expliqué qu'il s'agissait d'un chevalier et qu'il se déplaçait vers l'avant et sur les côtés. Addison a saisi ses deux cavaliers et les a fait sauter partout sur l'échiquier. Puis Addison a soulevé une autre pièce. "Qu'est-ce que c'est ? demande Addison. "C'est un pion, et il ne peut qu'aller de l'avant", a expliqué le président de la Commission européenne.

Soudain, Addison a avancé tous ses pions. Puis Addison a posé une question sur une autre pièce.

"C'est une tour", dit Kevin, "et elle va tout droit ou de côté". Addison prit sa tour et fit sauter tous les pions. La tour a traversé tous les chevaliers. En fait, sa tour a tout traversé et a tout renversé sur le tapis. Ce n'était pas exactement la paisible partie d'échecs à laquelle Kevin s'attendait.

MON FRUMPY PULL DE LECTURE

"Puisque nous avons terminé ce jeu, que voulez-vous faire maintenant ?"demande Kevin.

Addison n'a pas hésité et a dit : "Je veux jouer à cache-cache !".Kevin a pris une grande inspiration. Il a poussé un énorme soupir. Puis Kevin a compté jusqu'à trente et Addison est partie se cacher.

Cette fois, Kevin a cherché Addison partout. Il a regardé derrière les rideaux. Il a regardé sur le canapé. Il a regardé sous le coussins du canapé. Il a regardé derrière la porte de la salle de bains. Il a regardé sous le tapis.

Kevin a regardé partout et n'a trouvé Addison nulle part. Il commençait à s'inquiéter, mais juste avant que Susan ne revienne, Kevin a entendu un ricanement. Kevin a lentement levé les yeux vers l'endroit où le ricanement s'était produit, et Addison se trouvait sur le lustre. Kevin n'a aucune idée de la façon dont Addison s'est retrouvée là-haut, mais il a réussi à la faire redescendre en toute sécurité.

Au moment où Kevin et Addison allaient s'asseoir et reprendre du lait et des biscuits, Susan est arrivée et a ouvert la porte. Susan a vu de la farine blanche sur les murs. Et elle a remarqué de la farine blanche sur le canapé. Et elle a remarqué un nuage de farine blanche qui descendait doucement les escaliers. Puis Susan a remarqué Kevin et Addison.

Addison était assise dans sa plus belle robe d'été avec de jolies fleurs, toute couverte de poudre blanche, ressemblant plus à un fantôme qu'à une petite fille.

Susan demande prudemment : "Addison a-t-elle eu des problèmes ?" Kevin a répondu avec un sourire : "Oh non. Addison n'a posé aucun problème. Nous avons fait des biscuits et des jeux, et nous nous sommes bien amusés." Susan secoue lentement la tête en regardant toute la farine blanche partout et a ramené Addison à la maison.

Kevin s'est mis à nettoyer sa maison. Il lui a fallu toute la semaine pour nettoyer la farine, le lait, le sucre et le cacao en poudre qui se trouvaient dans toute la maison. Enfin, lorsque la maison est revenue à la normale, Kevin s'aperçoit qu'il a perdu les deux tours de son jeu d'échecs. Il n'est pas sûr de savoir où elles se trouvent. Je crois qu'il y en a un sur le lustre.

La fin

Stephanie reçoit Père Noël

P. Kevin Remington
Juillet 2020

C'est l'année où Stéphanie devait rencontrer le Père Noël. Stéphanie a vu les pères Noël au centre commercial, mais tout le monde sait que les pères Noël du centre commercial ne sont pas le vrai Père Noël ; ils ne sont que des aides pour le vrai Père Noël.

Cette année, Stéphanie allait rencontrer le vrai Père Noël. Elle va le capturer lorsqu'il viendra chez elle. Stéphanie n'a pas le droit de se coucher très tard. Elle se couche à huit heures et le Père Noël passe généralement beaucoup plus tard dans la nuit. Stéphanie ne voulait pas le rater cette année, alors elle avait un plan.

Stéphanie a attendu qu'il soit presque l'heure d'aller se coucher. Puis elle a mis son plan à exécution. Stéphanie avait prévu des pièges pour capturer le Père Noël.

Stéphanie a placé ses poupées Barbie près de la porte d'entrée au cas où le Père Noël entrerait par la porte d'entrée. Elle a placé ses poupées, sa voiture et sa maison de jeu juste à l'intérieur de la porte. Si le Père Noël entrait par là, il trébucherait sur les jouets, tomberait et ferait beaucoup de bruit.

Stephanie savait que le Père Noël n'était pas facile à attraper. Juste au cas où le Père Noël entrerait par la fenêtre, elle a placé des briques de Lego sur le rebord de la fenêtre et sur le sol, juste en dessous de la fenêtre. Elle utilisa toutes ses briques Lego et quelques briques Lego de dinosaures de son frère et les étala soigneusement.

MON FRUMPY PULL DE LECTURE

C'était un bon plan, mais Stéphanie savait que ses parents sont également rusés. Stéphanie était sûre que ses parents aideraient le Père Noël, alors elle leur a tendu un piège. Stéphanie a placé toutes ses billes sur les escaliers menant à la chambre de ses parents. Elle mit toutes ses billes sur une marche. Elle sur une autre. Elle a placé les jolis yeux étoilés sur une autre marche et les yeux de chat sur la marche inférieure. Et pour être sûre, Stéphanie a mis de petites punaises sur le pourtour.

Stéphanie voulait s'assurer que si c'était le Père Noël ou ses parents, ils allaient faire beaucoup de bruit et la réveiller.

La dernière partie du plan de Stéphanie consistait à éloigner le canapé du mur. Derrière le canapé, Stéphanie avait installé une couverture et un oreiller. C'est là que Stéphanie et son chien, Josie, allaient dormir cette nuit-là. Lorsque le Père Noël arriverait et ferait beaucoup de bruit, Josie se réveillerait, et Josie réveillerait Stéphanie, qui rencontrerait alors le vrai Père Noël.

Stéphanie pensait que c'était un plan parfait.

Cette nuit-là, la veille de Noël, Stéphanie a sorti le verre de lait pour le Père Noël. Elle a sorti une assiette de biscuits pour le Père Noël. Elle sortit une carotte et la posa soigneusement à côté de l'assiette. La carotte était pour les rennes. Puis Stéphanie s'est endormie derrière le canapé.

Il ne semble pas s'être écoulé beaucoup de temps lorsque Stéphanie est réveillée par un terrible vacarme. C'était exactement comme le livre que le père de Stéphanie lui avait lu. Dans la cour, il y avait un bruit terrible. Stéphanie se leva d'un bond pour voir ce qui avait fait tout ce bruit.

Il faisait sombre et Stéphanie ne voyait rien. Elle a allumé la lumière, et son père était là, étalé sur le sol. Le père de Stéphanie s'était levé pour aller chercher un en-cas dans le réfrigérateur et avait glissé sur les billes, trébuché sur les punaises, atterri sur les briques de Lego et s'était écroulé. Une bosse ! Juste devant le sapin de Noël. Il avait atterri si fort qu'il avait même renversé les biscuits et le lait destinés au Père Noël.

Le plan était fichu et Stéphanie n'allait jamais rencontrer le Père Noël. Stéphanie monta donc dans sa chambre et s'endormit.

P. KEVIN REMINGTON

Elle dormit très paisiblement, sachant qu'elle avait un nouveau plan pour l'année prochaine. Le matin, Stéphanie descendit en courant pour voir si le Père Noël était passé. Le Père Noël était venu, il y avait des cadeaux sous le sapin et son père dormait profondément derrière le canapé.

La fin

A propos de l'auteur

Kevin Remington est père de deux enfants. Bien qu'ils soient beaucoup plus âgés maintenant, lorsqu'ils étaient très jeunes, il n'a pas trouvé d'histoires et de livres pour enfants qui lui plaisaient. Il a donc raconté ses propres histoires. Au fil des ans, il a raconté de nombreuses histoires. Beaucoup d'entre elles ont été racontées autour d'un feu de camp dans le parc Algonquin, lors de leur séjour en famille.

Il a été un passionné d'informatique pendant la majeure partie de sa vie d'adulte. En tant que tel, l'une des exigences était d'avoir un passe-temps qui n'avait rien à voir avec les ordinateurs. Il a choisi les livres, les bandes dessinées, les romans graphiques et l'écriture. Il pourrait ajouter la musique et le golf à la liste, bien qu'il ne soit pas du tout doué pour ces activités.

Pour le connaître, il suffit de s'asseoir avec lui autour d'une tasse de thé Earl Grey, de parler et de raconter des histoires qui vous enchanteront et vous feront sourire.